叢書・ウニベルシタス　651

法の力

ジャック・デリダ
堅田研一 訳

法政大学出版局

Jacques Derrida
FORCE DE LOI

This book is published in Japan by
arrangement with Éditions Galilée, Paris
through Japan UNI Agency Inc., Tokyo.

目次

はしがき

　このテクストの第一部である「正義への権利について／法（＝権利）から正義へ（Du droit à la justice）」は、ドゥルシラ・コーネルが企画したある討論会のオープニングに読み上げられた。この討論会は、一九八九年一〇月にカードーゾ・ロー・スクールにおいて「脱構築と正義の可能性（Deconstruction and the Possibility of Justice）」のタイトルで開催され、さまざまな哲学者、文学理論家、そして法律家（とりわけ、アメリカ合衆国で批判的法学研究（Critical Legal Studies）という名で呼ばれている運動の代表者たち）が会した。このテクストの第二部である「ベンヤミンの個人名（Prénom de Benjamin）」は、その場では口頭発表されなかったけれども、それのテクストは参加者たちに配布された。

　翌年の春、一九九〇年四月二六日に、同じ講演の第二部が、別の討論会のオープニングに読み上げられた。この討論会はソール・フリードランダーが企画し、カリフォルニア大学ロサンゼルス校において「ナチズムと〈最終解決〉――表象の限界を探る（Nazism and the "Final Solution":

Probing the Limits of Representation)」のタイトルで開催された。この第二部の前後には前書きと追記がついており、本書にはこの両者を収めた。論文や本として出版された以前の版や外国語版に比べて、本書の記述はいくらか敷衍されており、注がいくつか追加されている[1]。

第一部　正義への権利について／法（＝権利）から正義へ

私には義務(devoir)がある、つまり私はあなたがたに英語で私を送り届けねばならない(dois m'adresser)(1)。

この討論会のタイトル、そして私が「送り届ける(addresser)」必要のある問題は――この ad-dresser なる言い方は、あなたがたの言語《ラング》の他動詞的用法に倣ったものである――、数カ月来私にあれこれ空想させてくれた。私は、「基調講演(keynote address)」という恐るべき栄誉を託されてはいるものの、このタイトルを発案したり、それによって問題の型を暗黙のうちに決めてしまう作業にはまったく関与していない。「脱構築と正義の可能性(La déconstruction et la possibilité de la justice)」というタイトル。この接続詞と(et)は、同一のカテゴリーのものではない語と語、概念と概念、そしてたぶん事物と事物、とを結合する。このような接続詞は、どのような働き方をするのであれ、すなわち類比《アナロジー》を示すのであれ、区別を示すのであれ、あるいは対比を示すのであれ、秩序、分類法、クラス分けの論理学にあえて挑戦する。機嫌を損ねた発言者なら次のように言うかもしれない。私にはそこにある関係がわからない。どんなレトリックも、このような言葉の使い方にはなじまないはずだ、と。そんな人のためにも私はぜひとも努力して、これらの事物またはカテゴリー（「脱構築」、「可能性」、「正義」）の一つ一つについてお話しするようにしたい。そればかりかサンカテゴレーム〔カテゴリーとカテゴリーとをつなぐ言葉〕（「と（et）」、「なるもの（la）」、「の（de）」）についてもお話ししなければと思う。ただし私の話し方は、今述べた秩序や分類法や連辞法には決して従っていない。

　このような発言者は機嫌を損ねているばかりでなく、誠実さにも欠けているであろう。また不当《アンジュスト》な態度だとさえ言えるだろう。なぜなら、このタイトルのさまざまな意図や言わんとすること（vouloir-dire）について正当《ジュスト》な解釈を、つまりこの場合には適切で明晰な、したがってむしろそれに嫌疑をかけた解釈を簡単に一つは提出できるであろうからだ。このタイトルは、それ自体が嫌疑の形式をとる一つの問いを示唆する。すなわち脱構築は、正義《ジュスティス》が可能であることに保証を与えてくれるのか、それにお墨付き《ペルメトル》を与え、権威をもたせてくれるのか。脱構築は正義を可能ならしめるのか、あるいは正義や正義が可能であるためのさまざまな条件に関する筋の通った言説を可能ならしめるのか。ウイとある人々は答えるであろうし、反対陣営の人々はノンと答えるだろう。「脱構築主義者」には、正義について何か言うことがあるのか、正義とかかわり合うことなどあるのか。なぜ彼らは、それについて実際にはほんのわずかしか語らないのか。とどのつまり、それに彼らは関心をもっているのか。なぜ彼らはそれについてわずかしか語らないのかというと、それは次の理由によるのではないか。現に一部ではそうかんぐる向きもある。すなわち、脱構築とは本来、正義にかなう《ジュスト》行為にお墨付きを与えたり、正義に関する正当な言説にお墨付きを与えるようなものではなく、それどころか法／権利《ドロワ》を脅かすものにさえなり、正義が可能であるための条件を崩壊させる、というのがその理由ではないか。ウイとある人々は答えるであろうし、ノンとその敵方は答えるであろう。

この最初の架空のやり取りのなかにすでに見て取ることができるように、法／権利と正義の意味が両義的であるために、互いの意味が他方に滑り込む場面がいろいろとでてくる。脱構築の／による苦しみ、つまり脱構築を苦しませる苦しみ、ないしは脱構築によって苦しむ人々を苦しませる苦しみとは、たぶん、法／権利と正義とを両義性の残らないように区別するための規則、規範、あるいは確固とした基準がないということである。したがって、まさしく問題となるのは、この規範、規則または基準の概念（規準となるものもそうでないものも）である。判断することにお墨付きを与えるもの、判断が自分を権威づけるために拠り所にするものについて判断せねばならない。

今述べたような選択、すなわち「……かそれとも……か」、「ウイかノンか」がつきつけられているのではないかという嫌疑を、このタイトルに抱くことができるであろう。この限りでこのタイトルは、実質的には暴力的であり、論戦を挑む《ポレミーク》ものであり、糾問するものであるだろう。何らかの拷問道具、すなわち何よりも正義にかなっているとは言いがたい尋問の仕方がそこにあるのではないかと人は怯えるかもしれない。言うまでもないことだが、この形式（「……かそれとも……か」、「ウイかノンか」）のもとで定立されるもろもろの問いをつきつけられても今後私は何の応答もなすことはできないし、少なくとも不安を断ち切るような応答をなすことはできない――誰に対しても、またこの形式をもって定型的または公式的に表現される二つの期待のいずれに対しても。

　そこで、私はあなたがたに英語で私を送り届けねばならない（dois m'adresser）、そしてこの「ねばならない（dois）」はここでは一つの義務（devoir）を表す。私はそうせねばならない。このことはいくつかの事柄を同時に言わんとする。

(1)　私は英語を話さねばならない（この「ねばならない」、この義務をどう翻訳したらよいだろうか。I must か、I should か、I ought to か、それとも I have to か）。なぜなら、そうすることは私にとって、ある種の責務（obligation）または一つの条件となっているからだ。この責務または条件は、私の左右できない状況においてある種の象徴的力または掟《ロワ》によって課せられる。ある種のポレモス〔戦争、論争〕はすでに言語の修得とかかわりをもっている。すなわち、もし最低限私が自分の言うことを理解させたいと思うならば、私はあなたがたの言語で話す必要がある（il faut que je parle dans votre langue）。私はそうせねばならない（je le dois）、私はそうすべきである（j'ai à le faire）。

(2)　私はあなたがたの言語《ラング》で話さねばならない。なぜなら、私があなたがたの言語を使って述べる事柄は、それを使わないで述べる事柄よりも正当であろう、またはそう判断されるであろうし、またより正当な仕方で評価されるであろうからだ。すなわちこの場合の正当《ジュスト》とは、当を得ること《ジュステス》を意味する。当を得ることとはつまり、現にあるものと述べられるものまたは思考されるものとが適合すること、述べられるものと理解されるものとが適合すること、さらには思考されるものと、今ここにいて公然と場を支配する／掟をつくる（faire la loi）多数派の人々によって述べられたり聞き入れられるものとが適合することである。「掟をつくる」（making the law）とは、後でもう一度話す必要のある興味深い表現である。

(3)　私は、私の母語でない言語で話さねばならない。なぜなら、そうすることは、そうしないことよりも、「正当《ジュスト》」という語の別の意味において、つまり正義《ジュスティス》の意味において、法的＝倫理的＝政治的と言ってよい意味において——今のところは深く考えないでそう言おう——正当であろうからだ。すなわち、多数派の言語を話すことは、そうしないことよりも正義にかなっている《ジュスト》。彼らが歓待のしるしに一人の外国人に発言権を与えてくれたときには、特にそうだ。われわれは今ここで一つの掟に準拠しているのだが、この掟が一つの礼儀作法《ビヤンセアンス》なのか、礼儀正しさ《ポリテス》なのか、最も強い者の掟なのか、それとも民主主義の公平な（équitable）掟なのかを述べるのはむずかしい。また、それが頼みとしているのは正義なのか、それとも法／権利なのかを述べるのもむずかしい。ただし、私がこの掟と折り合いをつけてそれを受け入れるには、いくつかの条件が要る。例えば、私がある招待に応じるとともに、ここで話したいという希望を表明するのでなければならない。また、それをなすにあたって私は、誰からもそれとわかるような強制を受けていないのでなければならない。次に、契約と、掟が定めるさまざまな条件とを理解する能力がある程度まで私に備わっているのでなければならない。それらを理解するとはつまり、あなたがたの言語を少なくとも必要最小限わがものにするということである。だからそのときからすでに、少なくともその限りで、あなたがたの言語は私にとって未知のものではないのだ。あなたがたと私、つまりわれわれは、最初はフランス語で書かれた私のテクストの翻訳をほとんど同じ仕方で理解しなければならない。ただし、どんなに優れたものであろうと、それはやはり必然的に翻訳のままである。すなわちそれは、いつでも成立しうるがいつでも不完全な、二つの固有言語《イディオム》の間の妥協なのである。

この言語や固有言語をめぐる問いはおそらく、私があなたがたに議論していただきたいと思っていることの中心をなすであろう。

あなたがたの言語のなかにあるいくつかの慣用表現を、私は常々とても貴重なものだと思っていた。なぜならフランス語には、それらに厳密に相当する表現がないからである。私はまだ話を始めることすらしていないけれども、そのなかの少なくとも二つにはどうしても前もって言及しておきたい。この二つは、私が今晩お話ししてみたいと思うことと無関係ではない。

A　最初の表現は、「法律を執行する（to enforce the law）」、あるいはまた「法律・契約の執行可能性（enforceability of the law or of contract）」である。to enforce the law をフランス語で例えば appliquer la loi と翻訳するとき、この直接に、つまり文字によって力（force）をほのめかす作用が消え失せてしまう。この作用は、その内に含んだ働きによって、われわれに次のように想起させんとする――法／権利とは常に、権威づけられた力である、と。権威づけられた力とはつまり、自分を適用《アプリケ》することを自分で正義にかなうように《ジュスティフィエ》するか、または正義にかなうようにしてもらう力である。ただし、この正義にかなうようにする作用も、別の側から見れば、正義にかなわないまたは正義にかなうようにしえないと判断されるかもしれない。力なくして法／権利はない。カントはこれをこの上なく厳密な仕方で想起させた。適用可能性《アプリカビリテ》、「執行可能性／力あらしめる可能性（enforceability）」は、補足的に法／権利につけ加えられたりつけ加えられなかったりするような外的または二次的な可能性ではない。それは、法／権利としての正義の概念そのもののなかに、あるいは法／権利になる限りでの正義の概念や法／権利としての掟の概念そのもののなかに本質的なものとして含まれる力である。

私の譲ることのできない主張を直ちに始めたい。それは、ある種の正義やさらには掟の次のような可能性を留保すべきであるということである。すなわち、法／権利を超出したりそれと矛盾するばかりでなく、たぶん法／権利と関係をもたないような、さもなければそれと奇妙な関係を保つような正義や掟の可能性である。なぜ奇妙かというと、それは法／権利を排除することもできれば、それを要求することもできるからである。

したがって「執行可能性（enforceability）」という語は、文字に注意するようわれわれに促す。それは文字どおりにわれわれに次のように想起させる。すなわち、自分自身のうちに、ア・プリオリに、自分の概念の分析的構造のなかに、「執行される／力あらしめられる」可能性、つまり力によって適用される可能性を含まないような法／権利は存在しない、と。カントは、『法論への序論』ですでに（「厳密な法／権利」、das stricte Recht に関する§E）[2]、こう想起させている。なるほど、執行《アプリケ》されない掟（法律）ならあるけれども、執行可能性《アプリカビリテ》のない掟（法律）というものはないし、力なき掟（法律）には適用可能性《アプリカビリテ》、つまり「執行可能性／力あらしめる可能性（enforceability)」もない。この力が直接的なものであろうとなかろうと、物理的なものであろうと象徴的なものであろうと、外的なものであろうと内的なものであろうと、野蛮なものであろうと巧妙な言説によるもの――さらには解釈学的なもの――であろうと、強制的なものであろうと統制的なものであろうと、等々、それは問わない。

掟(法律)のこの力、この「掟(法律)の力(force de loi)」――これはフランス語でも英語でも使われる言葉だと思う――と、正義にかなわないと常に判断される暴力とをどのようにして区別しうるだろうか。一方の側に、正義にかなうことのできる力、少なくとも正統《レジティム》とは判断しうる力(このような力は、法/権利に奉仕する道具であるばかりでなく、法/権利の行使と実現そのもの、法/権利の本質でもある)。他方の側に、正義にかなわないと常に判断される暴力。この両者の間にはどのような違いがあるのだろうか。正義にかなう力または非暴力的な力とは何だろうか。

固有言語についての問いを忘れることのないよう、私はここで、間もなくわれわれの関心の多くを占めることになる一つのドイツ語単語に目を向ける。それはゲヴァルトという単語である。フランス語でも英語でも、それはたいてい「暴力(violence)」と訳される。私が後で話す《Zur Kritik der Gewalt》というタイトルのベンヤミンのテクストは、フランス語では《Pour une critique de la violence》、英語では《Critique of Violence》と訳されている。しかしこの二つの翻訳は、まったく不当とまでは言えないものの、したがって完全に暴力的とまでは言えないものの、非常に積極的な解釈である。つまりそれは、ドイツ人にとってゲヴァルトが正統な権力、権威、公共的力という意味でもあるという事実を正当に評価してはいない解釈なのである。Gesetzgebende Gewaltとは立法権力のことだし、geistliche Gewaltとは教会の精神的権力のこと、そしてStaatsgewaltとは国家的権威または国家的権力のことである。したがってゲヴァルトとは、暴力であると同時に、正統な権力、正義にかなうようにされた権威である。正統な権力の掟（法律）の力と、この権威を設定したはずの、根源的（originaire）と言われる暴力とをどう区別しうるだろうか。この根源的と言われる暴力そのものは、既存のいかなる正統性《レジティミテ》をもってしても自己を権威づけることができず、したがってこの最初の瞬間にはそれは、合法的《レガル》とも非合法的《イレガル》とも言えないし、またわれわれ以外の人々のなかには早まってそう言ってしまう者もいるかもしれないが、正義にかなっているとも正義にかなっていないとも言えない。ヴァルテンという語とゲヴァルトという語は、ハイデガーのいくつかのテクストにおいて決定的な役割を果たしているが、その箇所を見るとそれらを単純に力と訳すことも暴力と訳すこともできない。ハイデガーが次の主張を証明しようとする文脈《コンテクスト》においてはなおさらそうだ。その彼の主張によると、例えばヘラクレイトスにとって、ディケー――つまり正義、法／権利、訴訟、判決、刑罰または懲罰、復讐、等々――は、本来はエリス（抗争（conflit, Streit）、不和（discorde, pólemos, Kampf））である。すなわちそれは、

アディキア、不正義でもある。(3)

この討論会は、脱構築と正義の可能性とを取り扱うためのものであるから、私がまず最初に想起して欲しいのは次の点である。すなわち、「脱構築的」と言われる数多くのテクストにおいて、そしてとりわけ私自身が公にしたテクストのいくつかにおいて、「力《フォルス》」という語がしきりに持ち出されており、いくつかの戦略的な場所においては決定的と言ってもよいほどの仕方で持ち出されているのだが、しかしその際には常に、またはほとんど常に、明示的な留保や警戒も同時についていたのである。私がしきりに警戒するように促し、自分自身も警戒するよう気をつけたのは、この語を使うことによって冒すことになるさまざまなリスクである。すなわちそれは、得体の知れない実体論《シュプスタンシアリスト》的なオカルト的＝神秘的概念からくるリスクであるかもしれないし、暴力的で正義にかなわない、無規則で恣意的な力に権威づけが与えられるというリスクであるかもしれない。(私はこれらのテクストをいちいち挙げない。それは自己満足でしかないだろうし、時間の無駄であろう。だがしかし、どうか私を信じて欲しい。) 実体論的または非合理主義的なリスクに対する第一の予防策は、力の示差的性格をまさしく想起させることである。私がたった今呼び起こしたもろもろのテクストが常に問題とするのは、示差的力、力の差異としての差異、差延としての力または差延の力である (差延とは、差異化され延期される＝差異化し延期する力である)。あるいはそれらが常に問題とするのは、力と形式との関係、力と意味作用《シニフィカシオン》との関係である。さらにはそれらが常に問題とするのは、「行為遂行的《パフォーマティヴ》」力、すなわち発話《イロキューショナリ》のなかの力または発話《パーロキューショナリ》を通じての力、レトリックによる説得の力、署名による確認であるのだが、しかしそれらと並んで、しかもとりたてて問題にされるのは、最大の力と最大の弱さとが奇妙にも入れ替わるあらゆる逆説的状況である。そしてこれが歴史の全体である。それでもやはり私は、力という語に常に違和感を感じていた。その反面、この語はどうしても使わざるをえないと判断することもたびたびだった。だから、今日それについて少し詳しく述べるようこうして私を責めたててくれていることに対して、私はあなたがたにお礼を言いたい。また、正義をとってみても同じことが言える。「脱構築主義的」だとせっかちにも特定されてしまったテクストの大多数は、正義というテーマをまさしくテーマとして自分の中心に据えてはいないし、倫理や政治といったテーマについてさえ同じ有様である——なるほど数多くの理由によって、そのようにも思える。しかし私は、そう思えると言っているのだ。当然のことに、それは外見だけのことである。例として（名まえを挙げるのは以下のものだけにしておく）、以下のような数多くのテクストを吟味してみれば、それがわかる。レヴィナスおよび「暴力と形而上学」との関係について扱ったテクスト〔『エクリチュールと差異』〕。『弔鐘（Glas）』のなかで法／権利の哲学について、つまりヘーゲルの法／権利の哲学やその流れを汲んだ一切の法／権利の哲学について扱ったテクスト——これが『弔鐘』の主要なモチーフである。『思弁する——フロイトについて（Spéculer—sur Freud）』のなかで権力の欲動と権力のパラドクスとを扱ったテクスト。掟について扱ったテクスト――『掟の門前（Devant la loi）』（カフカの『掟の門前（Vor dem Gesetz）』を論じたもの）、『合衆国独立宣言（Dêclaration d' indêpendance）』、『ネルソン・マンデラの感嘆あるいは反射／反省の法（Admiration de Nelson Mandela ou les lois de la rêflexion）』、その他多くのテクストのなかにそれは収められている。二重肯定に関する言説、交換と配分とのかなたにある贈与に関する言説、決断不可能なものや通約不可能なものや計算不可能なものに関する言説、特異性や差異や異質性に関する言説もまた、始めから終わりまで、正義に関する少なくとも斜めからの言説であることは言うまでもない。

そのうえ、脱構築的スタイルをとるもろもろの研究が、法／権利と掟と正義とをめぐる問題系《プロブレマティック》にまで達するのは、正常だし、予想のつくことだし、望ましいことである。それは、このような研究の最も固有の場であるとさえ言えるだろう――ただし、何かそのようなものが現実に存在すると仮定すればの話だが。一つの脱構築的問いかけが、これまでもそうであったようにまず、ノモスとピュシスとの対立、テシスとピュシスとの対立を動揺させ、あるいは複雑化させる。これはすなわち、かたや掟、協約《コンヴァンシオン》、制度と、かたや自然との対立であり、この対立とともに、それらのものが条件づけるありとあらゆる対立、例えば、これは一例でしかないが、実定法と自然法との対立がでてくる（差延とは、この対立的論理をずらすことである）。あるいはまた、一つの脱構築的問いかけが、これまでもそうであったようにまず、次のようなもろもろの価値を動揺させ、複雑化させ、またはそれらが数々のパラドクスを含むことを明らかにする。すなわち、あらゆる登録簿に登録された固有のもの（le propre）や所有物（la propriété）の価値。主体の価値、したがって責任ある（responsable）主体の価値。法／権利の主体や道徳の主体の価値。法的人格《ペルソヌ・ジュリディック》または法人《ペルソヌ・モラル》の価値。志向性の価値。等々。そしてまたそれらからでてくる一切のものの価値。このような脱構築的問いかけは、すみからすみまで、法／権利と正義に関する問いかけである。法／権利の基礎や道徳の基礎や政治の基礎に関する問いかけである。

　これらさまざまな基礎に関するこの問いかけは、基礎づけ主義的でも反＝基礎づけ主義的でもない。この問いかけは、好機とあらば、信頼も偏見もなしに問いとその哲学的権威との歴史そのものを問いただすことによって、問いかけそのものの、つまり問いかけるという思考形式の可能性や最終的な必要性を問いに付したり、超出したりすることさえある。なぜなら、問いかけるという形式にはある種の権威――したがって正統なある種の力――があり、どこからその形式が、われわれの伝統においてこれほどまでに大きな力を引き出すのかを自問することができるからである。

　このような脱構築的「問いかけ」またはメタ＝問いかけは、もしそれが固有の場をもつと仮定すると――ただしこれは、正確に言えば事実ではありえない――、哲学科や文学科よりも法学部の方を「わが家」にするであろう。あるいはまたたぶん、神学科や建築学科の方を「わが家」にするであろうし、事実そのとおりになることもある。したがって、内部の者としてよく知っているわけではないのを承知で――この責任は私にあると思う――、また深く通じているとはとても言えないことも承知で判断するならば、「批判的法学研究」のさまざまな展開は、すなわちスタンリー・フィッシュ、バーバラ・ハーンステイン＝スミス、ドゥルシラ・コーネル、サミュエル・ウェーバーらの仕事のように、文学、哲学、法／権利、そして政治的＝制度的諸問題とが分離しつつ接合《アルティキュラシオン》する地点に身を置く数々の仕事のさまざまな展開は、今日、特定の脱構築の見地に立てば、最も実り多くかつ最も必要なものの一つである。それらは、私が思うに、ある種の脱構築の最も徹底したさまざまなプログラムに応えるものである。すなわちその脱構築は、自分自身を首尾一貫させたいと思うならば、純粋に思弁的、理論的かつアカデミックな言説のなかに閉じ込められたままであろうとしてはならず、スタンリー・フィッシュが示唆することとは逆に、もろもろの結果を手に入れ、もろもろの事物を変化させ、効果的かつ責任ある／応答可能な（responsable）仕方で（ただし、もちろん常に何かに媒介されて）同業者のなかにのみならず、都市つまりポリスと呼ばれ、そしてより一般的に世界と呼ばれるもののなかに介入したいと思うのでなければならない。計算され、熟慮され、戦略的にコントロールされた介入という、確かに少しばかり素朴な意味において変化させるということではなく、進行中のある変革作用を最大限に強化するという意味において、また単なる徴候とも単なる原因とも言えない何らかの資格において変化させるということである。そうなるとこの場合には、別のカテゴリーが必要になるだろう。過度にテクノロジー化した産業社会にあって、アカデミックな空間は、これまでにもまして、モナド的または修道院的《モナスティック》な閉域ではないし、そのうえこの空間はかつて一度もそうであったことはない。そしてこれが特に当てはまるのは法学部である。

私は取り急ぎ以下のことをつけ加える。ごく短い三つの点に分けて述べる。

(1) こうした結合関係《コンジョンクシオン》または結合状況《コンジョンクチュール》が、かたやより直接に哲学的なスタイルをとった脱構築、あるいは文学理論によって動機づけされた脱構築と、かたや法的＝文学的反省や「批判的法学研究」との間に形成されるのは、おそらくは避けがたいことである。

(2) この分離《アルティキュレ》しつつ接合する結合関係がこの国で、これほどまでに興味深い仕方で展開されているのは確かに偶然ではない。これはまさしく別の問題であり——急を要しかつ心動かさずにはおれない問題ではあるのだが——、時間がないので私はそれを無視せねばならない。この展開が何よりもまず、またとりたてて北アメリカ的であるという事実には、おそらく数々の奥深い理由がある。すなわち、単に国内的なだけではない、地＝政学的で複雑な理由がある。

(3) とりわけ、この結合や競合による展開に注意を向けたりそれに参加したりすることが急を要する問題だと思えるのであれば、次のこともまた肝に銘じておかねばならない。すなわち、異質的かつ不等であることはなはだしいもろもろの言説、スタイル、言説の文脈を互いに同類のものとみなしてはならない。「脱構築」という語が、いくつかのケースにおいて、こうした混同をそそのかしたり誘発したりするのかもしれない。この語自身が、付け足すのがいやになるほどに数多くの誤解を引き起こしている。例えばこの語によって、批判的法学研究のすべてのスタイルが最初から互いに同類のものとみなされてしまうし、それらはどこへ行っても脱構築なるものの一例または延長にされてしまう。いくら私にはなじみが薄いものであろうと、次のことぐらいはわかる。すなわち、批判的法学研究のこれら数々の仕事は、おのれに固有の歴史、固有の文脈、および固有の慣用表現《イディオム》をもっている。ある種の哲学的＝脱構築的問いかけに関係づけてみれば、それらはときには――手短に言うと――、遅れているとは言わないまでもむらがあり、臆病であり、概略的であり、あるいは図式的である。ところがこれとは逆にそれらは、特殊化して鋭い専門的能力をもつおかげで、より文学的または哲学的なある領野における脱構築のある種の状態よりも非常に先を進んでいる、と。文脈の特性やアカデミズム的＝制度的特性、さらには言説の特性を尊重すること、類比《アナロジスム》による推論や性急な移し替え、つまり混乱した同質化に不信をもつことが、現段階では第一の至上命令《アンペラティフ》であると私には思われる。本日のこの出会いが、数々の交差と一致とコンセンサスとの記憶ばかりでなく、少なくともさまざまな相違と論争との記憶をもわれわれに残すことを私は確信するし、いずれにしろそうであって欲しいと思う。

だから脱構築が、その名のもとで最もよく知られているさまざまな見解表明のなかで正義の問題を「送り届け」ていないというのは、外見上のことでしかない。それは一つの外見でしかない。しかし、なす必要があるのは、外見について説明すること、「外見を繕う（sauver les apparences）」ことである。ただしこれは、アリストテレスがこの必要性に対して与えた意味において〔つまり、「現れ（現象）を救う」の意味において〕理解しなければならない。私がここで取り組みたいのは、これである。すなわち、脱構築なるものと世上呼ばれているものは、正義の問題を「送り届ける」ことがないように思えるけれども、実はそれ以外にはやってこなかったその理由と手法とを示すことである。「送り届ける」とはいっても、直接に「送り届ける」ことはできないので、もっぱら斜めから「送り届ける」。斜めからというのは、今この瞬間も同じである。なぜなら、私は今この瞬間に次のことを論証しようとしているからである。すなわち、正義について直接に語ろうとしたり、正義をテーマや対象にしようとすれば、また「これは正義にかなっている」と言ったり、ましてや「私は正義にかなっている」と言おうとすれば、必ずや正義に――法／権利に、ではないにせよ――即座に背くことになる、と。[4]

B　私はまだ始めていない。私はあなたがたの言語であなたがたにまさしく私を送り届ける必要がある、とまず最初に言っておかねばならないと私は考えた。そしてすぐに次のように告知した。あなたがたの慣用表現のうちの少なくとも二つのものは、とても貴重であり、さらにはかけがえのないものだと私は常々思っている、と。その一つは、「法律を執行する（to enforce the law）」である。それはわれわれに常に次のことを想起させる。すなわち、正義が必然的に法／権利や掟（法律）であるのではないとすると、それが権利としてまたは法にもとづいて（de droit ou en droit）正義になることができるのは、力を握ることによってのみであり、あるいはむしろ、その最初の瞬間から、その最初の言葉からすでに力に訴えることによってのみである、と。正義の始まりにはすでにロゴス、言語活動《ランガージュ》または言語《ラング》があるであろう。しかしこれは、次のような別のもう一つの冒頭句と必ずしも矛盾しない。その冒頭句いわく、「初めに力ありき」。したがって考える必要があるのは、言語活動そのもののなかで、またその本質の最も秘められた部分のなかでなされるこうした力の行使である。そしてそれは、言語活動が自分自身で自分の絶対的な武装解除を行う運動というかたちでなされる力の行使である。

パスカルは、たぶん私が後でまた触れることになるある断章において、つまりいつも見かけよりもむずかしい彼の有名な数々の「パンセ」の一つにおいて、このことを述べる。それは次のように始まる。

「正義、力。――正義《ジュスト》にかなうものに従うのは正当《ジュスト》なことであり、最も強いものに従うのは必然のことである」(5)。

この断章の始まりからしてすでに異常である。少なくともそのレトリックの厳密さの点で異常である。それは言う。正義にかなうものには従わねばならない――そしてそれは正当なことである――、すなわち、結果が従わねばならない、効果が従わねばならない、それは適用されねばならない、執行され／力あらしめられ（enforced）ねばならない。次に、「最も強い」ものにもまた従わねばならない。すなわち、結果が、効果が、等々、と。言い換えれば、共通の公理は、義の人《ル・ジュスト》と最強の者には従わねばならない、義であることこのうえない人には最強の者と同じように従わねばならない、ということである。しかし、義の人と最強の者とに共通のこの「従わねばならない」は、一方の場合には「正当」なことであり、他方の場合には「必然」のことである。すなわち、「正義にかなうものに従うのは、正当なことであり［言い換えれば、正義《ジュスティス》の意味での正当なもの《ル・ジュスト》（義の人）の概念または理念は、分析的にかつア・プリオリに、義の人には〈従う〉こと、それが執行される／力あらしめられることを含む。そしてそう考えることは正当な／正義《ジュス》にかなう《ト》――それは当を得ること《ジュステス》の意味も含む――ことである］、最も強いものに従う（それが執行される／力あらしめられる）のは必然のことである」。

パスカルは続ける。「力のない正義は無力である［言い換えれば、正義が〈執行され／力あらしめられ〉うる力をもたなければ、正義は正義ではないし、正義は達成されない。無力な正義は正義ではない。ただしこの後者の正義とは、法／権利の意味である］。正義のない力は圧制的である。力のない正義は反対される。なぜなら、悪いやつがいつもいるからである。正義のない力は非難される。したがって、正義と力とをいっしょに置かねばならない。そのためには、正義にかなうものが強いか、強いものが正義にかなうかにせねばならない」。

この結論部分（「したがって、正義と力とをいっしょに置かねばならない」）の「ねばならない（il faut）」が、正義によって正当であるものの指示する「ねばならない」であるのか、それとも力によって必然的であるものの指示する「ねばならない」であるのかに決断または結論を下すのはむずかしい。このためらいは、二次的なものとみなしてもよいものだ。それは、こう言ってよければ、より深い「ねばならない」の表面を漂っている。なぜなら、正義が正義の資格でなす要求にもとづいて、力への訴えかけがなされるからである。したがって力の必然性は、正義によって正当なもの（義の人）のなかに含まれている。

この命題の後に来てそれを締めくくるものをわれわれは知っている。すなわち、「このようにして人は、正義にかなうものを強くできなかったので、強いものを正義にかなうとしたのである」。このパスカルの思想の分析をなすために、あるいはむしろ解釈をなすために（非暴力的とはとても言えないような積極的な解釈をなすために）この講演のなかで間接的な仕方で提案する原理が、伝統やその最も明白な文脈に逆行するのは間違いないと私は思う。この支配的文脈や、それの命令によると思われる慣習的《コンヴァンシオネル》となった解釈はまさしく、ある慣習尊重主義的《コンヴァンシオナリスト》な方向づけの下で、ある種の悲観主義的・相対主義的・経験主義的懐疑主義の方へと向かう。まさしくこの理由に駆り立てられて、例えばアルノーは、ポール・ロワイヤル版においてこれらのパンセを削除した。その際に彼は次のように申し立てた。パスカルがそれらを書いたのは、モンテーニュを読んで影響されたからである。掟というものは、それ自身が正義にかなうというようなものではなく、掟であるという理由だけがそれを正義にかなうようにするのだと述べるモンテーニュに影響されたのだ、と。モンテーニュはある興味深い表現を使っており、パスカルがそれを自分の責任で取り上げ直しているのは事実である。私はそれをここでもまた再＝解釈して、最も慣習的となっている読解——それはまた最も慣習尊重主義的な読解でもあるのだが——の手から取り上げたい。その表現とは「権威の神秘的基礎（fondement mystique de l'autorité）」である。パスカルが次のように書くとき、彼は名指しすることなくモンテーニュを引用している。

「［……］ある人は、正義の本質は立法者の権威であると言い、他の人は、君主の便宜であると言い、また他の人は、現在の習慣であると言う。そしてこの最後のものが最も確かである。

理性だけに従えば、それ自身正義にかなうというようなものは何もない。すべてのものは時とともに動揺する。習慣は、それが受け入れられているという、ただそれだけの理由で、公平のすべてを形成する。これがその権威の神秘的基礎である。それをその原理にまでさかのぼらす者は、それを消滅させてしまう(6)」。

モンテーニュは事実、掟の権威の「神秘的基礎」について語った——この言葉自体が彼のものである。

「ところで掟が信奉されているのは、それらが正義にかなうからではなくて、それらが掟であるからだ。これが掟の権威の神秘的な基礎で、このほかに基礎はまったくない［……］。掟は正義にかなうからといってこれに従う者は、それ本来の意義をわきまえて正当な仕方で従っているのではない(7)」。

明らかに、モンテーニュはここで掟を、すなわち法／権利を、正義から区別している。法／権利の正義、法／権利としての正義は、正義ではない。掟は、掟である限りでは、正義にかなうものではない。人が掟に従うのは、それが正義にかなうからではなくて、権威をもつからである。

「信奉（crédit）」という語は、命題にかかる負担をすべて背負っており、権威の「神秘的」性格へのさりげない言及を正当なものにする。掟の権威は、人が掟を信奉するという一点にかかっている。人が掟を信奉すること、これこそが掟の唯一の基礎である。この信仰の行いは、存在論的または合理的な基礎ではない。とはいえ、信奉することが何を言わんとするのかを考えてみる必要がある。

「権威の神秘的基礎」というこの表現から何が理解できるかの解明は――もしそれが可能であるならば、そして明晰さを価値として仰ぐとすれば――少しずつ行われるだろう。事実モンテーニュはまた次のようにも書いており、それは今度もまた、単に慣習的となっただけの慣習尊重主義的な表面上の意味を越えて解釈せねばならない。すなわち、「……いやわれわれの法／権利までが、人の言うところによると、正統な擬制というものをもっていて、その上にその正義《ジュスティス》／裁判の真実性を基礎づけるそうな」(8)。正統な擬制とは何か。正義／裁判の真実性を基礎づけるとはいかなる意味か。われわれを待ち受ける問いのいくつかがここにある。モンテーニュが提出したのは、正統な擬制、すなわち正義／裁判の真実性を基礎づけるのに必要な擬制というこの代補物と、自然の欠乏が呼び寄せる人為的代補物との間の類比《アナロジー》である。それはあたかも、自然の法／権利の不在が歴史的または実定的な法／権利という代補物、すなわち一つの擬制的追加物を呼び寄せるかのようである。モンテーニュが提出した関連づけを使って言えば、「ちょうど女たちが、自然の歯が抜けると象牙製の歯を用いるように、また本当の色香を失うと代わりに何か別の物でそれをこね上げるように、あるいは……嘘の借りものの美をもってお化粧をしたりするように、学問もまったく同じことをしている（いやわれわれの法／権利までが、人の言うところによると、正統な擬制というものをもっていて、その上にその正義／裁判の真実性を基礎づけるそうな）[9]」。

前に挙げたパスカルのパンセは、正義と力とを「いっしょに置き」、力を正義の一種の本質的述語にするものであった――ただし彼がこの正義の語によって考えているのは、正義よりもむしろ法／権利である。このパンセはたぶん、慣習尊重主義的または功利主義的相対主義を越えているし、「仮装された権力」という名をときに頂戴するものを掟だと考える古代または近代のニヒリズムをも越えているし、ラ・フォンテーヌの『オオカミと子ヒツジ』の描く皮肉家的な道徳――「強者の理屈が常に最善の理屈である」（「力は正義なり（Might makes right）」）――をも越えている。

パスカルのなす批判は、その原理のうえでは、原罪と、それ自身腐敗したある理性による自然のもろもろの掟の腐敗とに立ち戻らせる。すなわち、「自然の掟は疑いなく存在する。しかし、このみごとな腐敗した理性は、すべてを腐敗させてしまった[10]」。また別の箇所では次のようにある。「われわれの正義も神の正義の前では［消えうせている[11]］」（これらのパンセによってわれわれは、ベンヤミン読解の準備を整えることができる）。

しかし、もしこのパスカルのなす批判のいわば機能的な原動力だけを取り出すならば、もしこの純然たる分析だけを、彼のキリスト教的悲観主義からくる前提事項から切り離すならば——これは不可能ではない——、そのときそこに見出しうるのは、モンテーニュの場合と同様に、近代のある種の批判哲学の諸前提であり、さらには法的《ジュリディック》イデオロギー批判の諸前提である。法的イデオロギー批判とはつまり、社会の支配的諸力の経済的・政治的利害関心を覆い隠すと同時に反映する、法／権利にかかわるさまざまな上部構造を、沈殿した状態から抜け出させることである。これはやろうと思えば常にできることだし、有益であることもしばしばであろう。

　しかしこのパスカルの思想は、その原理と原動力を通り越して、もっと内在的なある構造にたぶんかかわっている。法的イデオロギーの批判もまた、決してその構造を無視してはならないであろう。正義や法／権利が出現するというまさしくこのことには、つまり法／権利を創出し、基礎づけ、正義にかなうようにする瞬間には、行為遂行の力が含まれている。そして行為遂行の力とは常に、解釈する力であり、信奉するよう訴えかけることである。ただし今述べたことは、ここでは次のような意味で理解して欲しい。すなわち、法／権利は力に奉仕するものであり、支配的権力の従順で隷属的な、したがってその外にある道具であるという意味ではなく、法／権利は力や権力や暴力と呼ばれているものとより内的でより複雑な関係を保つという意味において。正義——法／権利《ドロワ》（権利または法（right or law））の意味における——は、社会的力あるいは社会的権力、例えば経済的・政治的・イデオロギー的権力に奉仕させられるという単純な話ではない。もしそれだけの話だとすると、この権力は、正義の外にまたは正義以前に現実存在するはずだし、正義がこの権力に自分を従わせるかまたは調和させるのは、そうすることが有益であるかどうかの観点からでなければならないであろう。そのうえ、正義を基礎づけまたは創出するというまさしくその瞬間は、一つの歴史の均質な織物のなかに書き込まれた瞬間では決してない。なぜならそれは、一つの決断《デシジオン》によってこの織物を引き裂くからである。ところで、法／権利を基礎づけ、創始し、正義にかなうようにすることになる作用、つまり掟をつくる／場を支配する（faire la loi）ことになる作用を成り立たせるのは、実力行使、つまり行為遂行的でありそれゆえ解釈をする暴力であろう。この暴力そのものは、正義にかなっているとも正義にかなっていないとも言えない。いかなる正義をもってしても、すなわちいかなる法／権利があらかじめあってかつ前もって基礎づけをなしていようとも、また既存のいかなる基礎づけ作用をもってしても、定義からして、その暴力に保証を与えることはできないし、かといってそれに抗弁したり、妥当でないとして否定することもできないであろう。正義にかなうようにする言説はどれもみな、創出的言語活動の行為遂行性やその支配的な解釈との関係で、メタ言語の役割をやりこなすことはできないし、やりこなすべきでもない。

この言説はここで自分の限界に突きあたる。それはこの言説それ自体の限界、この言説の行為遂行的権力そのもののなかにある限界である。私はそれをここでは神秘的なものと呼ぶことにしたらどうか——そのためにはその構造を少しずらして一般化すればよいのだ——と思う。ここにあるのは、基礎づけをなす現実的行為《アクト》の暴力的構造のつくる壁で囲い込まれた沈黙である。壁で囲い込まれる、壁で閉じ込められるという言い方をするのは、この沈黙が言語活動の外側にあるものではないからである。モンテーニュやパスカルが権威の神秘的基礎と呼ぶものを私は、単なる注釈の域を越えて、このような意味で解釈したいと思っている。われわれは常に、私がここでなしているまたは語っているものに立ち戻って、それをもとにして考える——またはそれを批判しながら考える——ことができるであろう。つまり、私がここでなしているまたは語っているものは、あらゆる創出作用の起源においてなされるものとして私が語るところのものにほかならないのである。だから私は、「神秘的」という語の用法を、私がむしろヴィトゲンシュタイン的とあえて呼ぶ方向へと引き込みたい。モンテーニュとパスカルのこれらのテクストは、それらが属する伝統や私がそれらについて提出する少しばかり積極的な解釈とともに、次のような議論や論争のうちへと招き入れることができるであろう。まずは、スタンリー・フィッシュが「力(Force)」という論文(『自然にやって来ることをなす』[12]所収)のなかでなす、ハートの『法の概念(The Concept of Law)』その他についての議論のうちへと(このその他のなかには、ハートによる批判の対象になったロールズがひそかに含まれている)。あるいはまた、『制度と解釈(Institution and Interpretation)』[13]のなかのサム・ウェーバーのいくつかのテクスト――制度＝内的または単一＝制度的であるにとどまらない、特定の数々の紛争の闘技的な性格を扱う――が光をあてた数多くの論争のうちへと。

権威の起源、掟を基礎づける作用または掟の基礎になるもの、掟を定立する作用、の最後の拠り所になるのは、定義によって自分自身しかないのであるから、これら自体は基礎をもたない暴力である。これは、それら自体が、「非合法」または「正統でない」の意味で正義にかなっていないということを意味しない。それらは、それらが基礎づけをなす瞬間には、合法的でも非合法的でもない。それらは、基礎づけされたものと基礎づけされなかったものとの対立や、基礎づけ主義かそれとも反基礎づけ主義かの対立を越えている。ある法／権利を基礎づける（一例を挙げれば、それも単なる一例では済まない一例を挙げれば、ある法／権利の保証人としてのある国家を基礎づける）もろもろの行為遂行の成功は、それに先立つ数々の条件や協約（例えば、国内空間や国際空間における）を前提にするとはいえ、この当の諸条件・諸規則・諸協約――そしてそれらの支配的解釈――の起源と考えられるものにおいて、またしてもこの同じ「神秘的」限界が現れるであろう。

私の描いた以上のような構造において、法／権利は本質的に脱構築可能である。法／権利が基礎づけされているから、つまり解釈し変革することの可能なさまざまなテクスト層をもとにして構築されているからという理由で（そしてこれが法／権利の歴史というものである。すなわちそれは、可能性と必然性をもって法／権利を変革する作用であり、またときには法／権利を改修する作用である）。さもなければ、法／権利の最後の基礎が定義によって基礎づけされていないという理由で。法／権利が脱構築可能であるということは、不幸なことではない。そもそも政治が歴史的進歩をもたらすことのできるチャンスはそこにあるとみることさえできる。しかし、議論していただきたいと私の思うパラドクスは次のとおりである。すなわち、法／権利の、または――こう言ってよければ――法／権利としての正義の、この脱構築可能な構造こそが、脱構築の可能性の保証者にもなっている。正義それ自体はというと、もしそのようなものが現実に存在するならば、法／権利の外または法／権利のかなたにあり、そのために脱構築しえない。脱構築そのものについても、もしそのようなものが現実に存在するならば、これと同じく脱構築しえない。脱構築は正義である。法／権利（当然私は、それを一貫した仕方で正義から区別しようとする）が、協約と自然との対立をはみ出したある意味において構築可能であるというたぶんこの理由で、また法／権利がこの対立をはみ出すというたぶんこの限りで、法／権利は構築可能である――したがって脱構築可能である。それればかりか、この理由でまたこの限りにおいて、法／権利が脱構築を可能にするのだ。あるいは少なくとも、法／権利上のさまざまな問いや法／権利に関するさまざまな問いに根本のところではいつも取り組んでいる、ある種の脱構築の行使を可能にするのだ。ここから次の三つの命題がでてくる。

(1) 法／権利（例えば）の脱構築可能性は脱構築を可能にする。

(2) 正義の脱構築不可能性もまた脱構築を可能にし、さらには脱構築と混じり合う。

(3) 結論。脱構築が起こるのは、正義の脱構築不可能性と法／権利の脱構築可能性とを分かつ両者の間隙においてである。脱構築は、不可能なものの経験として可能である。すなわち、正義は現実存在していないけれども、また現前している／現にそこにある（présent）わけでもない――いまだに現前していない、またはこれまで一度も現前したことがない――けれども、それでもやはり正義は存在する（il y a）という場合において、脱構築は可能である。正義という未知数Xを置き換えたり、翻訳したり、規定することのできる場合にはすべて、次のように言うことができるはずである。すなわち、脱構築が、不可能なものとして可能であるのは、（脱構築不可能な）Xが存在する（il y a X）限りにおいて（その場合において）であり、したがって（脱構築不可能なもの）が存在する（il y a）限りにおいて（その場合において）である、と。

言い換えれば、私がここで手探りしながら見つけ出そうとしている仮説や数々の命題を見ると、むしろ次のものをサブタイトルにしたくなるであろう。すなわち、脱構築の可能性としての正義。脱構築の行使の可能性としての、法／権利または掟の構造。脱構築の行使の可能性としての、法／権利を基礎づける作用の構造。または、脱構築の行使の可能性としての、法／権利の自己＝

権威づけの構造。こう言ってもまだわかりにくいだろうと私は思う。やがてもう少しはっきりすればよいと思うが、その確信はない。

まだ始めていないと私は述べた。私はたぶん決して始めないだろうし、たぶんこの討論会は基調（keynote）のないままに終わるだろう。にもかかわらず、私はすでに始めている。私は、外交辞令《プロトコール》やもって回った言い方を繰り出すことのできる権威を自分に与えている――しかし、それはいかなる権利《ドロワ》によってか。私はまず次のように述べた。私は、あなたがたの固有言語のうちの少なくとも二つに惚れ込んでいる、と。その一つは「執行可能性（enforceability）」であったが、もう一つは、「送り届ける（to address）」という動詞の他動詞的用法である。フランス語では、人は誰かに自分を送り届けるとか、手紙や発言を送り届ける――これもまた他動詞的用法である――と言う。このとき、それらが目的地に着くかどうか確信がなくてもよい。けれども、問題を送り届けるとは言わない。ましてや、誰かある人を送り届けるとは言わない。今晩私は、契約によって自分を拘束して、英語である問題を「送り届け（adresser）」ねばならない。すなわち、まっすぐに問題《ドロワ》の方へ、そしてまっすぐにあなたがたの方へ、テーマに即して回り道せずに赴かねばならないし、そのためにはあなたがたの言語を使ってあなたがたに私を送り届けることにより、赴かねばならない。法／権利（droit）、宛先（adresse）の歪んでいないこと（rectitude）、方向づけ（direction）、そしてまっすぐであること（droiture）の間に直線的な連絡関係を発見しながら、自分が正しい方向づけの下にあることを発見すべきであろう。なぜ脱構築には次のような評判——正当な理由のあるなしはともかくとして——が立つのだろうか。すなわち、脱構築は事柄を斜めから、間接的に、間接的スタイルをとって、あれほど多くの引用符を使って、事柄が指定された宛先に到着するかどうかを常に問いただしながら、取り扱う、と。この評判は受けるに値するものであろうか。また、受けるに値するかしないかはともかくとして、それをどう説明したらよいだろうか。

したがってわれわれはすでに、私が他者の言語を話し、自分の母語と関係を絶つという事実のなかに、つまり私が他者に屈するという事実のなかに、力と、当を得ること《ジュステス》と、正義《ジュスティス》とが入り混じる特異な混合物をもつ。そして私はというと、あなたがたの言語の用法に倣って言えば、脱構築と正義の可能性（Deconstruction and the Possibility of Justice）というタイトルが秘めている無限の諸問題を英語で「送り届け」ねばならない——これは義務である。無限のとはつまり、問題数が無限であり、問題の歴史が無限であり、問題の構造が無限である、ということである。しかしわれわれのすでに知っているとおり、これらの問題が無限であるのはなぜかというと、それらが無限に多数あるからでもなければ、われわれが決して把握しきれない無限の記憶や文化（宗教的、哲学的、法的、等々）に根ざしているからでもない。それらが無限であるのは、こう言ってよければ、それら自体がそうだからであり、すなわちそれらがアポリアの経験そのものを断固求めるからである。そしてこのアポリアは、われわれがつい先ほど神秘的と呼んだものと無関係ではない。

それらはアポリアの経験さえ断固求めると言うことで、すでに十分に錯綜した二つの事柄を意味しうる。

(1) 経験（expérience）とは、その名が指し示すように、横断である。それは横切って通過し、ある目的地に向かって旅するのだが、そのとき経験は、この目的地へと続く通路を発見する。経験は自分の通路を発見する、つまり経験は可能である。ところがこの意味では、アポリアに満ちた経験、すなわち通路を残さないものの経験はありえない。アポリア、それは道＝なしである。この観点から言えば、正義とは、われわれが経験しえないものの経験であると言えよう。われわれは間もなく、一つならざるアポリアに遭遇する——ただしそれを通過することはできないけれども。

(2) しかし私が思うに、このアポリアの経験がいかに不可能なものであろうとも、それなしには正義はない。正義とは不可能なものの経験である。正義への意志や欲望や要求が、アポリアの経験でない構造をもつ正義を求める場合、それが自分の現実にある姿、すなわち正義への正当な訴えかけである見込みはまったくないであろう。事が通り過ぎるまたはうまく自分を通過させるたびに、つまり規定《デテルミナン》をなす判断に従って、人がりっぱな規則を個別のケースに、つまりぴたりと包摂される事例に平穏に適用するたびに、それによって法／権利に関する損得勘定はたぶんついているし、またしばしばついている。しかし、正義に関する損得勘定が全くついていないのは確かだと考えてよい。

法／権利は正義ではない。法／権利とは計算の作用する場であり、法／権利がいくらかでもあることは正義にかなっている。けれども正義とは、それを計算することの不可能なものである。正義は、計算不可能なものについて計算するよう要求する。そしてアポリアを含んだ経験とは正義の経験である。正義の経験とはつまり、正義にかなうものかそれとも正義にかなわないものかの決断に規則が何の保証も与えることのできないさまざまな瞬間における避けて通れない、けれどもとてもありそうにない経験である。

だから私は、あなたがたに私を送り届け、そして数々の問題を「送り届け」ねばならない。私は簡潔にかつ外国語でそれを行わねばならない。簡潔であるためには私は、できる限り直接的であらねばならないだろう。すなわち、回り道をしたり、歴史的アリバイを申し立てたり、斜に構えたりすることなく、まずはこの言説の第一の名宛人と想定されているあなたがたの方へ、しかし同時にまた、前記諸問題に決断を下すのに最もふさわしい場所の方へ、ただただまっすぐに赴かねばならないであろう。宛先は、方向づけとして、歪んでいないこととして、法／権利について何事かを語ってくれる。そして正義を望むとき、正義にかなっていたいと思うときに損なってはならないものは、宛先の歪んでいないことである。フランス語を使って言えば、巧みさを欠いてはならない（il ne faut pas manquer d'adresse）、しかしとりわけ、宛先を間違えてはならない（il ne faut pas manquer l'adresse）、宛先を取り違えてはならない。ところで、宛先というものは、常に特異なものである。一つの宛先は常に特異なものであり、固有言語的であるが、これに対して正義はというと、それは法／権利としては、一つの規則、規範または普遍的な至上命令に備わる一般性を常に前提とするように思われる。正義にもとづく現実的行為は常に、特異性、つまり取り替えのきかないさまざまな個人・グループ・現実存在、あるいは他者または他者としての自己と、唯一無比の状況のもとで関係せねばならない。これを、一般的形式をもたざるをえない、正義としての規則・規範・価値・至上命令とどうやって調和させることができるだろうか。たとえこの一般性が、そのたびごとに特異な適用の仕方を指示するにせよ、一般的であることに変わりはない。もし私が、正当な規則を適用するだけで事足りると考え、正義の精神をもたず、いわばそのつどに規則や範例を発明することなく済ますならば、私はたぶん、法／権利の保護を受けて批判を避けることができるであろうし、客観的な法／権利に従って行為してはいるだろうが、しかし私は正義にかなっているとは言えないであろう。私は義務に合わせて行為してはいるが、義務を内面化させてまたは掟への尊敬の念によって行為してはいない、こうカントなら言うだろう。次のように言うことは果たして可能だろうか。すなわち、ある行為が、単に合法的であるばかりでなく、正義にかなってもいる、と。ある人物が、自分の権利を逸脱していないばかりでなく、正義を逸脱してもいない、と。これこれの人は正義にかなっている、ある決断は正義にかなっている、と。次のように言うことは果たして可能だろうか。すなわち、自分は正義にかなっていると当の私が知っている、と。私が明らかにしたいと思うのは、このように請け合うことは、曇りのない良心と神秘化という形をとる以外には本質的に不可能であるということである。しかし、まだ回り道するのをお許しいただきたい。

他者の言語で他者に自分を送り届けることは、私の考えでは、およそ正義が可能であるための条件であるが、しかし同時にそれは、完全に厳密な仕方では不可能であると思われる（なぜなら、私が他者の言語を話すことができるのは、言外の第三者の掟に従って私がそれをわがものにし、同化吸収する限りにおいてのみであるからだ）。そればかりかそれは、法／権利としての正義による拒絶にあうことにさえなるだろう。なぜなら法／権利としての正義は、一つの普遍性要素、すなわち固有言語の一面性または特異性を宙吊りにする第三者への訴え、を含むように思われるからだ。

私が英語で誰かある人に私を送り届けるとき、それは常に私にとって一つの試練となる。私の名宛人であるあなたがたにとってもそうだろうと私は思う。あなたがたにそのわけを説明し、そうやって時間を無駄にするよりもむしろ、私は最初から問題の核心に（in medias res）入り込む。

すなわち、この言語問題における苦悶をかきたてるほどの深刻さが、正義への問いや正義の可能性への問いと結びついていることを私にわからせてくれるいくつかの指摘をまず最初に行う。

まず第一に、フランス語で言うところの「裁判をなす／正義を返してやる（rendre la justice）」にあたって、ある所与の固有言語を用いることは、いくつかの根本的理由から正義にかなうとわれわれには思われる。固有言語とはつまり、関係するすべての「主体（sujets）」が使いこなせると、すなわち理解し解釈する能力があると想定される言語のことである。また、すべての「主体」とはつまり、掟（法律）を制定する人々、裁く人々と裁かれる人々、広義の証人、正義／裁判が行われるのを、より正確には法／権利が行われるのを担保するすべての人々、狭義の証人である。自分の法／権利を理解しておらず、そればかりか、掟（法律）を書き記すときや判決を言い渡すときなどに使われる言語さえも理解していない人を裁くことは、正義にかなっていない。掟（法律）を課せられてしかるべきだと想定される人《ペルソヌ》や人々《ペルソヌ》の共同体が理解していない――部分的にしか理解していない場合もあれば、全面的に理解していない場合もある――固有言語を使って裁判が行われるという暴力的状況の劇的な事例を、われわれはいくつも挙げることができるだろう。固有言語を操る能力の違いがこの場合にどれほどわずかなものであろうとも、または微妙なものであろうとも、一つの共同体をつくるすべてのパートナーがあまねく同じ固有言語を分かち合っているのでない限り、ある種の不正義による暴力がすでに始まっているのだ。厳密に見れば、この理想状況は決してありえないのだから、われわれの講演のタイトルが「正義の可能性」という名で呼ぶものについてのある結論をすでにそこから導き出すことが可能である。フランス語の言い回しを使って言うと、「裁き／正義が行われた（justice est faite）」と人々が言うときのその裁きにおいて使われる固有言語を理解しない人々を裁くということ、これが今述べた不正義による暴力ということであるが、この暴力は単なる任意の一暴力、任意の一不正義ではない。この不正義が前提とするのは、言語による不正義、こう言ってよければ他のすべての不正義が前提とする不正義の犠牲者である他者が、一つの言語全般の能力をもち、語る動物としての人間であるということである。これは、われわれ、つまり人間が言語活動という語に与える意味において理解されている。そのうえ、「われわれ人間が、われわれ肉食で犠牲を捧げる能力のある成人男性の白人ヨーロッパ人を〈言わんとした〉」ある時代があった。それはそれほど昔のことではないし、まだ終わりを迎えてもいないのだ。

私がこれらの話題を位置づける空間、ないしはこの言説を再構成する空間のなかで、動物に対する不正義や暴力が話にのぼることはないし、ましてや植物だとか石に対する不正義や暴力が問題にされることはない。人は動物を苦しませることならできるけれども、それが侵害された主体であるとか、犯罪・殺害・強姦のあるいは窃盗・偽証の犠牲者であると、いわゆる固有の意味で言うことは決してないだろう。そしてこのことは、植物や無機物と呼ばれるもの、海綿動物のような中間種と呼ばれるものについてはなおのこと（a fortiori）当てはまる、と人は考える。人類のなかには、主体として承認されず、この動物としての取扱いを受ける数多くの「主体／隷従者（sujets）」が存在したし、今もなお存在する（これこそが、私が少し前に簡単にほのめかしていた未完の歴史である）。動物と、したがって単に生きているだけのものと漠然と呼ばれているものは、掟（法律）や法／権利の主体ではない。正義にかなうもの（義の人）と正義にかなわないもの（不義の人）との対立は、それにとっては何の意味もない。動物裁判をとってみても（過去にはそれがあった）、あるいは動物に一定の苦痛を与える人々に対する訴追をとってみても（西欧のさる立法はこれを想定して、人間の権利《ドロワ》ばかりでなく、動物一般の権利についても語る）、それらはまさしくアルカイスムであるか、さもなければわれわれの文化の構成要素ではないまだ周縁的で稀な現象であるのだ。われわれの文化においては、肉食的供犠が基本的、支配的であり、最高度の産業テクノロジーにもとづいて規制されている。同じことが言えるのは、動物を使った生物学実験である――これは、われわれの近代性の死活にかかわるほどに重要なものだ。私が別のところで明らかにしようとしたように(14)、肉食的供犠は、主体性の構造の本質をなす。主体性の構造の本質をなすとはつまり、志向的主体の基礎の本質をなしてもいるということであり、さらには掟とまではいかなくても少なくとも法／権利の基礎の本質をなしてはいるということである。ただしこの場合、掟と法／権利との違い、正義と法／権利との違い、正義と掟との違いを押し進めようとしても、その先にはいつも深淵が口を開いて待ち構えている。私は今はそれに近づかない。同じく次の問題にも近づかない。その問題とはつまり、われわれの文化やわれわれの法／権利の基礎にある肉食的供犠と、象徴的であるものもないものも含めたすべての食人との間にある親近性である。この食人こそが、授乳・愛・喪のなかにある相互主観性や、実を言えば象徴や言語を使ってわがものにせんとするすべての作用のなかにある相互主観性の構造をなす。

われわれがまだ非常に漠然と動物と呼んでいるものに対する不正義、暴力、または不敬について語りたいと思うならば——この問いは、かつてないほどに時事的なものになっている（したがって私は脱構築の名において、肉食＝男根ロゴス中心主義に関する一連の問いの総体をこの問いのなかに加える）——、西欧において正義にかなうもの（義の人）と正義にかなわないもの（不義の人）との思想を支配する形而上学的＝人間中心的公理系の全体を検討し直す必要がある。

このまさに最初の一歩を踏み出したとたんに、ある最初の結論がすでに垣間見えている。すなわち、人間的主体（特にそれにかなっており、またそれのパラダイムになっているのは、女性・子供・動物であるよりもむしろ、成人の男である）を正義にかなうもの（義の人）と正義にかなわないもの（不義の人）との尺度として定着させるもろもろの分割を脱構築するからといって、それが人を不正義へと向かわせるとは限らないし、正義にかなうものと正義にかなわないものとの対立解消へと向かわせるとも限らない。たぶんそれは、正義に対してさらなる正義を求める飽くなき要求の名において、人を次のことへと向かわせるであろう。すなわち、一つの歴史や一つの文化が、自己のもつ基準論（critériologie）に踏み越えさせないようにしてきたさまざまな境界線の装置全体を再解釈することである。私が今はまだ表面だけを軽く考察するだけの仮説をもとにして、次のように言うことができる。すなわち、世に脱構築と呼ばれているものは、一部の人々が広めて得をするような混乱した見方からすれば、正義への倫理的＝政治的＝法的問いを前にして、また正義にかなうものと正義にかなわないものとの対立を前にして、ニヒリズム同然の棄権をすることに相当するということになるが、そんなことはまったくない。それは、私が以下のように図式化する二重の運動に相当するであろう、と。

(1) 記憶を前にしての限界のない責任／応答可能性（responsabilité）の感覚。限界がないのであるから、それは必然的に過剰であり、また計算不可能である。そこからでてくる次のような使命。すなわち、正義・掟・法／権利といった諸概念、そしてそれらに自分を担わせ、それらに沈殿し、そのときから程度の差はあれ、読み取りのできる状態や前提されているという状態に置かれつづける価値・規範・指示、これらの歴史・起源・意味、したがってさまざまな限界を想起すべき使命。正義という名で、一つならざる言語のなかでわれわれに遺贈されたものについて言えば、ある歴史的で解釈するのに適した記憶に対する使命が、脱構築の中心にある。それは、文献学的＝語源学的使命あるいは歴史家の使命であるばかりでなく、ある遺産を前にしての責任／応答可能性でもある。そしてその遺産は同時に、一つの至上命令からなる遺産または一束の禁止命令からなる遺産である。脱構築は、この正義に対する／による無限の要求によってすでに担保されており、また逆にそれによって担保にとられている。そしてこの要求こそが、私が少し前に述べた「神秘的」という様相をとりうるのである。正義に対して正当な態度をとる必要がある。そして、正義に返すべき最初の正義とは、正義の言い分を聞くこと、正義がどこからやって来て、われわれに何を要求するのかを理解しようとすることである。このとき、正義がやって来て要求をなすのは、特異なもろもろの固有言語を通じてであることを心得ていなければならない（ヨーロッパ語の固有言語に限って言えば、Dīkē, Jus, justitia, justice, Gerechtigkeit. こうしたヨーロッパ語固有言語の境界を、他のさまざまな固有言語との関係で、あるいはこれらの固有言語をもとにしてはっきりさせることもまたたぶん必要であろう。われわれは後でこの点に立ち戻る）。次のことをもまた心得ておく必要がある。すなわち、この正義は、普遍性をもつと主張するにもかかわらず、またはそう主張するがゆえにこそ、常にさまざまな特異性へと、他者の特異性へと自分を送り届けるのだ、と。したがって、この点で一切譲らないこと、正義を取り巻くわれわれの概念的・理論的・規範的装置の起源、基礎、および限界についての問いかけを絶えず喚起しつづけること、これは、厳密な脱構築の視点で見れば、正義への関心を相殺することでは決してないし、不正義に無感覚になることでも決してない。それどころかそれは、正義に対するさらなる正義の要求の額を誇張的なまでに競り上げることである。またそれは、ある種の本質的な不均衡への敏感さである。この敏感さは、自分自身のなかに過剰性と適合不能とを書き込むことになるであろう。これに促されることによって、正義のある種の継承された規定を独断論的に固守する曇りのない良心のなかにひそむ理論的限界のみならず、具体的不正義までもが、最も強く感知しうるさまざまなかたちで暴き出される。

(2) この記憶を前にしての責任/応答可能性は、われわれの行動、われわれの理論的・実践的・倫理＝政治的な決断の正義《ジュスティス》と当を得ること《ジュステス》とを規制する責任の概念そのものを前にしての責任/応答可能性である。この責任の概念は、それに関連する諸概念のネットワーク全体（所有、志向性、意志、自由、意識、自己意識、主体、自我、人格、共同体、決断、等々）と不可分である。所与の状態または優位を占める状態において捉えられたこのネットワークをなす諸概念を脱構築するということは、無責任にすることに見えるかもしれない。ところが逆に、そう見えるまさしくその瞬間に脱構築が訴えかけているのは、上乗せされた責任なのである。しかし、ある公理への信奉が脱構築によって宙吊りにされる瞬間のなかにあって、この構造的に見て避けがたい瞬間のなかにあって、人は常に次のように考えるかもしれない。すなわち、もはや正義が働く余地はない。正義そのものが働く余地もなければ、正義に関する数々の問題に目を向ける理論的関心が働く余地もない、と。これこそが宙吊りの瞬間、エポケーの時間であり、実のところ、この時間なしには脱構築はありえない。それはただの瞬間ではない。すなわちその可能性は、およそ責任／応答可能性を果たさんとするときにはいつも構造的に現前するのでなければならない。そうでないとその責任／応答可能性は、独断論の眠りに落ちてしまうだろうし、したがって自分が自分であることを否認することになるだろう。したがってこの瞬間は、自分自身を越えてあふれ出る。そのためにそれは、いっそう苦悶をかきたてるものになる。しかし、苦悶を節約することによって、正義にかなっているように見せようとする者が誰かいるだろうか。苦悶をかきたてるこの宙吊りの瞬間はまた、法的＝政治的な変革やさらには革命が起こる空白の間を開く。この瞬間を動機づけし、おのれの運動と躍動《エラン》（それ自体は宙吊りにすることのできない躍動）とを発見させることができるのは、正義の上乗せ要求または代補要求のみであり、したがって不適合の経験や、計算不可能な不均衡の経験のみである。なぜなら、締めくくりに言えば、脱構築におのれの力や運動や動機づけを発見させるのは、この常に満たされることのない訴えかけをおいてほかにはないであろうからだ。この訴えかけは、さまざまな特定の文脈のもとで正義や正義の可能性と名づけられるものがもつ、さまざまな特定の規定の上をいく訴えかけなのである。

ただし、この不均衡を解釈する必要がある。私が、今日脱構築と呼んでいるもの以上に正義にかなうものを知らないと言うとすれば（それ以上に正義にかなうものを知らないと私は言っているのであり、それ以上に合法的なものまたはそれ以上に正統なものとは言っていない）、必ずや驚きやショックを与えることになるのは承知している——それも、前記の脱構築、またはこの名のもとで自らが思い描くものに敵対する特定の人々ばかりではなく、脱構築派あるいは脱構築の実践者として通っている人々や、自分はそうだと思っている人々にさえ驚きやショックを与えるであろう。だから私はそうは言わない。少なくとも、この形式をとって直接的にものを言うことはせず、いくつかの回り道をして予防線を張ることにする。

よく知られているように、数多くの国々において、過去にもまた今日もなお、掟を基礎づけあるいは国家的法／権利の強制付与を基礎づけるさまざまな暴力の一つになっているのは、国家による再編成を受ける少数国民または少数民族に一つの言語を強制することである。これは、フランスでは少なくとも二度起こった。まず最初は、ヴィレール＝コトレの王令が、王政国家の統一を強化するために、フランス語を法的＝行政的言語として強制し、かつ次のことを禁止したとき。すなわち、ラテン語、つまり法／権利または教会の言語のおかげで、王国のすべての住民が一つの共通の言語のもとで通訳弁護人によって代理され、いまだ特殊な言語であったフランス語を強制されずに済んでいたのを、それは禁止したのである。ラテン語がすでに一つの暴力の担い手であったのは事実である。ラテン語からフランス語への移行が表すのは、ある暴力から別の暴力への推移があったことだけである。強制が行われる二番目の大きなきっかけになったのは、フランス革命だった。そのときの言語統一は、最も抑圧的な、いずれにせよ最も権威主義的な方向へと教育方法を転回させたこともたびたびあった。私は、これらの事例からなる歴史に深入りするつもりはない。これとは別の事例をアメリカ合衆国から、きのうも今日も取り出すことができるであろう。そこでは言語問題はなお深刻であり、今後も長く深刻でありつづけるだろう。そしてそれが深刻化するのはまさしく、政治への問いと、教育への問いと、法／権利への問いとを分かつことのできない場所においてである。

今やまっすぐに、歴史的記憶を持ち出して回り道をすることは一切やめて、いくつかのアポリアにかかわる形式的・抽象的言明の方へ向かうことにしよう。法／権利と正義との間にある脱構築は、これらのアポリアのなかに自分にかなった場所を、というよりもむしろ自分に特権的な非定住の状態を見出すのである。一般に脱構築は、二つのスタイルによって実行されるが、脱構築がその一方を用いるときには、もう一方もそれにつなぎ合わせて用いることがほとんどである。一方は、論証的な、そして非＝歴史的に見える行き方をとって、さまざまな論理的＝形式的パラドクスに立ち向かう。もう一方はそれよりも歴史的または想起《アナムネジック》的であり、テクスト読解、綿密な解釈、および系譜学によって進行するように思われる。この二つの作業に順々に取り組むのをお許しいただきたい。

まず私は飾りたてることなく、直接に、以下のもろもろのアポリアの言明をなす。つまり私は、それらを「送り届ける」。実際にあるのは、アポリアを含んだただ一つの潜在力であり、それが無限に自分を振りまくのである。私が取り上げるのは、数事例だけである。これらの事例のあるものは、正義と法／権利との間に区別があるのを当然のこととしているし、また別のものは、この区別をはっきり示してくれたり区別を立てさせてくれたりする。なすのが困難であるうえに不安定なこの区別づけは、以下の二つのものを分かつ。かたや正義（これは無限であり、計算不可能なものであり、規則に反抗し、対称性とは無縁であり、不均質であり、異なる方向性をもったものである）。かたや法／権利として、あるいは正統性や合法性としてなされる、正義の行使。すなわち、安定させておくことのできる、規約にかなった、計算可能な装置として、また規則正しく整えられてコード化されたもろもろの指示の体系としてなされる正義の行使。私も、ある程度までなら次のような気になるかもしれない。すなわち、正義の概念――私がここで法／権利から区別することをめざしているような――を、レヴィナスの正義の概念に近づけてみたい、と。私がそうするのは、一つにはまさしく今言った無限性のためであり、また一つには他なる人《オートルュイ》との他律的な関係のためである。このような他なる人との関係とはつまり、他なる人の顔との関係である。この顔は私に命令し、したがって私はそれの無限性をテーマとして立てることができず、私はそれの人質なのである。『全体性と無限』[15]のなかで、レヴィナスは次のように書いている。「[……]他なる人との関係――すなわち正義」。この正義を彼は、別のところでは「まっすぐに(droiture) 顔を迎え入れること[16]」と定義する。もちろん、まっすぐであること (droiture) を法／

権利（droit）に帰着させることはできないし、われわれが少し前から口にしだした「宛先（adresse）」や「方向づけ（direction）」に帰着させることもできない。しかし、この二つの価値は関係がないわけではない。それらがある特定の歪んでいないこと（rectitude）を相手にもちつづける共通の関係があるのだ。

レヴィナスは一つの無限の法／権利について語る──彼が「ユダヤ的人間主義」と呼ぶものをもとにして。「ユダヤ的人間主義」の基礎をなすのは、「人間の概念」ではなくて他なる人である。「他なる人の法／権利の広がり」は、「実際の面では無限な一つの法／権利」[17]の広がりである。公平（équité）とはこの場合には、平等だとか、計算ではじき出された比例関係だとか、公平な分配だとか、配分的正義のことではなくて、絶対的非対称のことである。レヴィナスの正義の観念は、われわれが翻訳するにあたってたぶん聖者性（sainteté）の訳語を当てるものに相当するヘブライ語表現にむしろ近いだろう。しかし私は、この難解なレヴィナスの言説についてこれとは別の問いをいくつかもっているので、ここで彼から概念的特徴づけを一つ借用しただけでも、さまざまな取り違えや類推を招くおそれが必ずでてくるであろう。だから私は、この方向へはこれ以上進まないことにする。

正義と法／権利とのこの区別が区別の名に値するものであり、機能の仕方を絶えず論理的に規制したり支配することのできる対立であるのならば、事の一切がまだ単純であるだろう。しかし次のことがわかる。すなわち、一方では法／権利は、あくまでも正義の名において自分を押し及ぼすのだと主張するし、他方では正義としても、実行に移さねばならない何らかの法／権利のなかに身を落ち着かせねばならない。この法／権利は実行に移されねばならない（構成され、適用されねばならない）——力によって。つまりそれは「執行され／力あらしめられ」ねばならない。脱構築は、常に両者の間にあり、両者の間を行き来する。

それでは、アポリアの例をいくつか以下に挙げてみよう。

1　第一のアポリア——規則のエポケー

われわれの最も広く共有する公理は次のものである。すなわち、正義にかなっている——または正義にかなっていない——ためには、あるいは正義を行使する——または正義を冒瀆する——ためには、私は自由であらねばならないし、私の行為、私の行動、私の思考、私の決断について責任がある／応答可能であるのでなければならない。自由のない存在について、または少なくともある種の現実的行為においては自由でない存在について、それのなす決断が正義にかなっているとか正義にかなっていないなどとは言わないだろう。しかし、義の人のこの自由またはこの決断は、決断であるためには、そして決断だと言われるためには、つまり決断として認知されるためには、何らかの掟または指示、つまり規則に従わねばならない。この意味で決断は、自分が自律的であるまさにそのなかにあって、すなわち掟に従うも従わないも自由ななかにあって、または自分に掟を与えるも与えないも自由ななかにあって、例えば公平にもとづく現実的行為として、計算可能なものまたはプログラムとして組むことができるものの次元のうちにありうるのでなければならない。しかし、この現実的行為とは単に、ある規則を適用すること、あるプログラムを展開すること、ある計算を行うことであるとすると、その現実的行為はたぶん、合法的であるとか法／権利にかなっていると言われるだろうし、メタファーを使うならばたぶん正義にかなっているとも言われるであろう。けれども、その決断は正義にかなっていたと言うと誤りになるであろう。その理由はごく単純で、このケースには決断がなかったからである。

正義にかなうものであるためには、例えば裁判官の決断は、ある法／権利の規則または一般的な掟に従わねばならないだけでなく、再設定的な現実的解釈行為によってそれを引き受け、是認し、その価値を確認せねばならない。あたかも、つきつめてみると掟など前もって現実に存在してはいないかのように。あたかも裁判官が自らそれぞれのケースにおいて掟を発明するかのように。正義を法／権利として行使することが、そのたびごとに正義にかなうものでありうるのは、それが、こう言ってよければ「新規の判断（jugement à nouveaux frais）」である場合のみである。これは、「新鮮な判断（fresh judgment）」を意訳したものだが、この英語表現を私は、『自然にやって来ることをなす』に収められたスタンリー・フィッシュの論文「力」から借用した。この創始的判断のこれまでにない新鮮さ、すなわち始原性は、なるほど何かを繰り返すこともできる。それどころかそれは、すでに現実に存在する何らかの掟にかなっていなければならない。しかし、責任ある裁判官のなす再＝設定的で再＝発明的な、そして自由な決断をなさしめる解釈行為は、次のように要求する。すなわち、自分の「正義」は、判断／判決（jugement）が掟にかなっていること、つまり判断／判決が掟を維持しかつ再生産するべく活動することのなかにのみ求められるべきではない、と。要するに、ある決断が正義にかなうものでありかつ責任ある／応答可能なものであるためには、その決断はそれに固有の瞬間において――このような瞬間があるとして――、規制されながらも同時に規則なしにあるのでなければならないし、掟を維持するけれども同時にそれを破壊したり宙吊りにするのでなければならない。すなわち、それぞれのケースにおいて掟を再発明せねばならないほどに、それを正義にかなうようにし直さねばならないほどに、掟を破壊したり宙吊りにする必要がある。あるいは少なくとも、掟の原理を再確認したうえで、自由にそれにまったく新しい確証を与える、というかたちで掟を再発明せねばならなくなるほどに、掟を破壊したり宙吊りにする必要がある。それぞれのケースは別々のものである。決断はそれぞれが異なっており、それぞれが絶対に唯一無比の解釈を要求する。すなわちそれは、現実に存在するコード化されたどんな規則をもってしても絶対的な保証を与えることができないし、与えるべきでもないような解釈である。もし、少なくとも規則が解釈を揺らぐことのないような仕方で保証するならば、そのときには裁判官は計算する機械である。これはしばしば起きることである。またこれは、部分的に見れば常に起こっている。判断／判決は、反復可能性（itérabilité）を必ずもっており、それに応えるための仕組みや技術が生まれる。それらによって何らかの寄生状態がどこまでも残ることになり、この寄生状態に従って、裁判官の計算機化は常に起こっているのである。しかしそうである限り、人がこの裁判官について次のように言うことはないだろう。すなわち、彼は純粋に正義にかなっており、自由であり、また責任を負っている／応答可能である、と。しかし、次のような場合にもこうは言わないだろう。すなわち、裁判官がいかなる法／権利にも、いかなる規則にも準拠しない場合。または裁判官が、どんな規則であれ、自分の解釈の手の及ばないような所与であるものはないと考えているために、自分の決断を宙吊りにしたり、決断不可能なものによって足止めされたり、さらには一切の規則や原理の枠をはずれてその場しのぎをする場合。このパラドクスからわかるのは、いかなる瞬間であれ、現在形で次のように言うことはできないということである。すなわち、ある決断は正義にかなっている、純粋に正義にかなっている（すなわち自由でありかつ責任を負っている／応答可能である）、と言うことはできない。あるいはある誰かについて、彼は義の人であると言うことはできないし、ましてや「私は正義にかなっている」と言うことはできない。「正義にかなう」の代わりに、合法的とか正統と言うことはできるし、ある計算を可能ならしめる一つの法／権利やさまざまな規則や協約にかなうと言うこともできる。しかし、法／権利にかなうと言うときの法／権利を基礎づける起源は、正義の問題を先延ばしするだけである。というのも、この法／権利の基礎または創出作用において、これと同じ正義の問題が定立され、暴力をもって解消されたであろうからだ。すなわちそれは、埋められ、隠蔽され、抑圧されたのである。最も適切なパラダイムはここでは、国民国家を基礎づける作用である。あるいは、フランス語で *l'état de droit*（法治国家）と呼ばれるものを設定する国家構成《コンスティテュシオン》／憲法の創出行為である。

2　第二のアポリア――決断不可能なものにとり憑かれること

正義が自分を押し及ぼすためには、また正義が返されるためには、さらには正義が効力をもつようになったり、法／権利という形式で自己規定をなすためには、決着をつける決断が必ずなければならない。この正義の決断は、その最終的形式、例えば刑罰的制裁――公平なものであるとないとを問わない――のなかにのみあるのではないし、比例的正義または配分的正義の次元のなかにのみあるのでもない。正義の決断は、発起することのなかで始まるし、権利問題または原理問題として考えてもそのなかで始まらねばならないはずのものである。そしてこの発起することが結局は、認識すること、読むこと、理解すること、規則を解釈することを生み出し、さらには計算することさえ生み出すのである。なぜなら、もし計算とは計算にほかならないとすると、計算しようという決断は計算可能なものの次元にあるのではないし、そのような次元にあるべきでもないからである。

決断不可能性というテーマは、脱構築と結びつけて考えられることが多い。ところで決断不可能なものとは、二つの意味作用の間で揺れ動くこと、あるいは二つの相矛盾しかつ十分に規定された規則が同じように至上命令的であるところから、この両規則の間で揺れ動くこと（今述べていることとの関連でその例を挙げると、普遍的な法／権利や公平に尊敬を捧げながら、同時にまた、包摂することの不可能な事例のもつ常に異質的で唯一無比の特異性にも敬意を払うこと）、であるばかりではない。決断不可能なものとは、二つの決断の間で揺れ動くことまたは緊張関係が起こることであるばかりではない。決断不可能であるのは、次のものの経験である。すなわち、計算可能なものや規則の次元にはなじまず、それとは異質でありながらも、法／権利や規則を考慮に入れながら不可能な決断へとおのれを没頭させねばならない（doit）もの——ここで語る必要があるのは、義務（devoir）についてである——、の経験である。決断不可能なものの試練を経ることのない決断は、自由な決断ではないであろう。それは、ある計算可能な過程を、プログラムとして組むことができるようなかたちで適用すること、あるいは断絶させることなく繰り広げること、にすぎないであろう。そのような決断は、たぶん合法的ではあるだろうが、正義にかなってはいないであろう。しかし、決断不可能なものによって宙吊りにされる瞬間はどうかというと、そのときにも決断は正義にかなっていない。なぜなら決断のみが正義にかなっているからである。「決断のみが正義にかなっている」というこの言明を擁護するために、決断を主体の構造に関連させて考えてみたり、あるいは判断を導く命題形式に関連させて考えてみる必要はない。ショックを与えるおそれはあるけれども、ある意味では次のようにさえ言えるだろう――主体は決して何も決断しえない、と。すなわち主体とは、決断が周縁的な偶然の出来事としてしかそれに到来することのできないところのものでさえある。この偶然の出来事が、本質としての同一性と、実体としての〈自己への現前〉という、主体を主体たらしめる二つのものを損なうことはないのである。ただしこうした言い方ができるのは、次のような条件があってこそである。まず、われわれはここでこの主体という語を、少なくともまったく恣意的に選択したのではないということ。次に、われわれの文化のなかで実際に、「主体」であろうとすれば常に必要とされることにもとづいて、われわれは話をしているのだということ。

決断不可能なものによる試練がひとたび過ぎ去ってしまうと（過ぎ去ることが可能であればの話だが。しかしたとえ可能だとしても、この可能性は可能性そのものではない。それは、別の可能性と並ぶ一つの可能性では断じてない。すなわち、決断不可能であることの記憶のなかに、ある生き生きとした痕跡が保持されていなければならず、その痕跡こそが、決断に決断としての特徴をいつまでもしるしているのである）、決断は再び規則に先導されている。すなわち、与えられた規則に、発明された規則に、あるいは再発明されたり再確認された規則に先導されている。だとすると決断は、現在いま正義にかなっているわけではもはやないし、完全に正義にかなっているわけでももはやない。いかなる瞬間であれ、ある決断について、現在いま、そして完全に正義にかなっているとは言えないように思われる。なぜなら、次のどちらかの場合しかありえないからだ。すなわち、決断がまだ規則に従って下されてはいないために、その決断は正義にかなうと言わしめるものが何もない場合。さもなければ、決断がすでに規則に先導されている場合。先導する規則とはつまり、与えられた規則であり、受け取った規則であり、確証された規則であり、保存された規則であり、あるいは再＝発明された規則であるが、今度はこの規則の方に絶対的な保証を与えるものが何もない。そのうえ、もしこのような規則が保証を受けるとすれば、決断はまたしても計算になってしまい、それが正義にかなうと言うことはできなくなるであろう。したがって決断不可能なものによる試練とは、私がたった今述べたように、およそ決断の名に値する決断であるならば、必ず通らねばならないにもかかわらず、通り過ぎて過去のものにしてしまったり通り越して先へ進んだりすることの決してできないものである。この試練は、決断するなかで乗り越えられるかまたは止揚される（aufgehoben）一つの契機ではない。あらゆる決断は、すなわちあらゆる決断という出来事は、自らのうちに、決断不可能なものを少なくとも幽霊《ファントム》として、しかしながら自らの本質をなす幽霊として受け入れ、住まわせつづける。決断不可能なものの幽霊的性質は、現にそこにあることを保障するものをことごとく、内部に巣くって脱構築する。現にそこにあることを保障するものとはつまり、確実性またはいわゆる基準論であり、それらによってわれわれは決断の正義を保障されるのだが、実を言えば決断の正義とはつまり、決断という出来事そのものである。決断そのものが起こったのだと請け合うことが果たして誰にできるだろうか。決断は、とある回り道を経たために、一つの原因や計算や規則に先導されてなされたのではないと請け合うことが果たして誰にできるだろうか。規則を適用するかしないかを自由に決断するという、知覚することができないほどにわずかな宙吊り作業さえもないとすると、そのように請け合うことが誰にできるというのだろうか。

責任、意識、志向性、所有からなる、主体にかかわる公理系は、現在通用している支配的な法的言説に命令を発する。この公理系はまた、決断のカテゴリーにも命令を発する。決断が医学鑑定を拠り所としてなされる場合でさえもそうだ。ところでこの公理系は理論的にもろくまた粗雑なものであるが、これについてはここで強調するまでもない。このようにして主体にかかわる公理系が規制を加えることによるさまざまな効果は、あらゆるかたちの決断主義（素朴なものであれ、よく練り上げられたものであれ）に作用するだけのものではない。これらの効果は具体的であり、かつどっしりと重い。それらについてここで実例を挙げて説明するまでもないほどにどっしりと重い。刑事被告人の責任やその精神状態に関する言説、犯罪に情痴的性格があるかないか、予謀的性格があるかないかをめぐる言説、の特徴をなす根拠のあいまいな独断論、この問題について証言する者またはこの問題の「鑑定人」の信じられないような証言、これらが十分な証拠になり、実際に証明するであろうように、いかに厳密に批判を行おうとも、またいかに厳密に基準論を仕立てようとも、つまりいかなる知識をもってしても、この問題に迫ることはできない。

この第二のアポリア——同一のアポリアのこの第二の形式——はすでに次のことを裏づける。すなわち、現前する正義には規定をなすだけの確実性が備わっているとする推定をことごとく覆す脱構築があるとすると、この脱構築そのものは、ある無限の「正義の理念」にもとづいて作用する。それが無限であるのは、それ以外のものに還元することができないからであり、それ以外のものに還元することができないのは、それを他者に負っているからである。他者に負っているとはいっても、それはおよそ契約以前の話である。なぜなら、正義の理念は、や、っ、て、来、たからである。すなわちそれは、他者が、常に他なるものである特異性としてやって来ることである。どんな懐疑論にも打ち破られることなく——と、パスカルをまねた口調で言うことができる——、この「正義の理念」は、その肯定的な性格において、破壊しえないものだと思われる。肯定的な性格とはつまり、交換することなく贈与せよと要求することである。交換を伴わない贈与とはつまり、循環を発生させることのない贈与、承認を伴わない贈与、経済的な円環を構成することのない贈与、計算によるのでもなければ規則によるのでもない贈与、理性を欠いた贈与、すなわち理論的合理性――統制をとろうと制御すること、の意味で使う――を欠いた贈与、である。したがってある種の狂気をそこに認めることができるし、それを告発することさえできる。そしてたぶん、この狂気と並んで、別の種類の神秘主義をも。そして脱構築は、まさしくこの正義に狂う。正義を求めんとするこの欲望に狂わんばかりとなる。この正義は法／権利ではない。それは、法／権利や法／権利の歴史のなかに、あるいは政治の歴史や歴史そのもののなかに働く脱構築の運動そのものである。しかもこの運動は、われわれの時代のアカデミズムや文化のなかで「脱構築主義（déconstructionisme）」というレッテルをつけられた言説として日の目を見る以前に、すでに働いているのである。

　私としては、この「正義の理念」をカント的な意味での統制的理念の一つにあたると軽々しく考えることには抵抗があるし、何らかのメシア的約束を構成する内容のどれでもよいからその一つにあたると軽々しく考えることにも抵抗がある（私は、形式とは言わずに内容と言った。それはなぜかというと、どんな約束をとってみても、そこにはおよそメシア的形式が、メシア性が必ず含まれているからである）。あるいは、これらと同じタイプに属する別のもろもろの地平にあたると考えることにも抵抗がある。そして私が話すのは一つのタイプについてだけ、つまりこの地平というタイプについてだけである。このタイプには、競争する数多くの種類があるであろう。競争するとはつまり、外見的には十分に似通っていながらも、自分が絶対的特権と、他のものには還元しえない特異性とをもつと常に主張するということである。競争が行われる歴史的な場所とは特異なものであることから――この場所とはたぶんわれわれの場所であるだろうし、少なくとも私がここで漠然とであれ拠り所にしている場所である――、われわれはタイプそのものを垣間見ることができる。すなわち、タイプそのものを例証するすべてのものの起源、条件、可能性、または約束としてそれを垣間見ることができるのである（このタイプそのものを例証するものとして、ユダヤ教タイプまたはキリスト教タイプまたはイスラム教タイプのメシア主義ないしはメシア主義的なさまざまな特定の形象、カント的意味での理念、新ヘーゲル主義的タイプまたはマルクス主義的タイプまたはポスト・マルクス主義的タイプの終末＝目的論、等々がある）。この場所のおかげでわれわれはまた、他のものには還元しえない競争の掟を知覚したり、その概念を形成することができる。しかしそれをなすときわれわれは、ある崖っ縁に立っている。その崖っ縁でわれわれは、めまいに襲われるのではないかと怯えるのだが、われわれが怯えはじめるのは、われわれには範例しか見えなくなり、自分はもはや競争に参加していないと感じる者がわれわれのなかにでてくるまさにそのときである。別の言い方をすれば、われわれは、崖っ縁に立ってからは常にリスクを負うことになる（ここで私は、少なくとも自己の弁護をしている）。そのリスクとはつまり、もはやフランス語で言うところの「競走に参加して／世の中の動きに合わせて (dans la course)」はいないことによるリスクである。しかし、走路の内にありながら「競走に参加し」ない以上は、スタートラインから動かずにいることは許されないし、ただ傍観者でいることも許されない。それどころか、それとは正反対のことをしなければならない。走路の内にありながら「競走に参加し」ないということはたぶん、またもやフランス語で言うと、競走に参加するとき以上の馬力と速さで「走り回らせる／無駄足を踏ませる（fait courir）」当のものであり、それが例えば脱構築なのである。

3　第三のアポリア——知識の地平を遮断する切迫性

カント的な統制的理念やメシアの到来をはじめとするすべての地平に対して、少なくともそれらを解釈する慣習化したやり方に対して、私がここで留保つきの慎重な態度をとり続ける理由の一つは、それらがまさしく地平（horizons）であることにある。地平とは、そのギリシア語名が示すように、開《ひら》けることであると同時に、開けることの限界である。そしてこの限界によって、無限の進歩だとか待ち望むといった概念が定義されるのである。

ところが正義は、現にそこにあらしめる／現前させることがまだどんなに不可能であろうとも、待ってはくれない。それは、待つということをしてはならないものである。回り道しないよう、細かなことや余計なことに足止めされないよう、次のように言おう。正義にかなう決断は、即座に、その場で、できるだけすばやくなすことを常に要求される、と。それは、さまざまな条件や規則や仮言的命法について無限の情報や際限のない知識を自分に与えることができない。もしそのような情報や知識があるとしたら、自分を正義にかなうようにすることができるかもしれないのに、である。そのうえ、たとえそれが、それらを思いのままに使えるとしても、またたとえそれが自分に時間的余裕を与えるにしても、すなわち時間全体と、その問題にとって必要なすべての知識とを自分に与えるにしても、なんとしたことか、決断の瞬間そのものは、すなわち正義にかなっていなければならない当のものは、切迫されせき立てられることを伴う有限な一つの瞬間のままに常にとどまることが必要である。決断の瞬間とは、このような理論的ないし歴史的知識の帰結または効果、すなわち反省や熟慮の帰結または効果であってはならない。なぜなら決断は、認識するために法的＝倫理的＝政治的事象について熟慮するという、決断に先立つと同時に決断に先立たねばならない行為が中断したことを、常にはっきり知らしめるからである。決断の瞬間はある種の狂気である、とキルケゴールは言う。これが特に当てはまるのは、正義にかなう決断の瞬間である。それもまた、時間の進行を打ち破り、弁証法的展開にことごとくたてつくはずである。それはある種の狂気である。なぜ狂気かというと、このような決断は、行き過ぎなまでに積極的に行為することであると同時に、何もせずに受け入れることでもあるからだ。正義にかなう決断は、受動的な何ものか、さらには無意識的な何ものかを抱えつづける。まるで、決断する者が自由であるためには、自分自身の決断の及ぼす作用に身を任せるほかはないかのように。

そしてまた、まるで自分自身の決断が、他者から自分のもとへとやって来るかのように。このような他律のもたらすさまざまな帰結を考えると恐ろしくなるかもしれないけれども、しかしそれらが必然的に課せられることを認めずに言いつくろっていくならば、それは正義にかなわぬことであろう。時間と慎重に構える力、知識獲得のための忍耐力とさまざまな条件を掌握する力とが際限なく備わっていると仮定しても、決断というものは構造上、有限であるだろう。それは、たとえ到着するのがどんなに遅れようとも、構造上は有限である。すなわちそれは、切迫されせき立てられたうえに、無知と無規則という闇のなかを進まねばならない決断である。この闇とは、規則や知識がないことによる闇ではなく、規則を再創出することからくる闇である。規則を再創出する以前には、定義によって、どんな知識もないし、決断を保証するもの自体がまったくないからである。行為遂行と事実確認という、重みのある鮮明な区別を信用するのであれば——これは、私がここでは深入りすることのできない問題である——、せき立てられることによる切迫性は今述べたように取り去ることができないということ、無反省や無意識はもともと取り去ることのできないものだということ、無意識がどんなに知的なものであるとしてもそれらはどこまでも残るということ、これらのことを、正義や法／権利にかかわる行為としての「言語行為」や行為一般の行為遂行的構造をもとにして考えてみなければならないであろう。このときこのような行為遂行性が、何かを創出する効力をもつこともあれば、すでにあるさまざまな協約を前提にした派生的なものであることもあるけれども、それはかまわない。それに実のところ、そもそも日常的な行為遂行は、すでにある何らかの協約を前提とすることによって、有効なものになるのである。事実確認の方はどうかというと、それが正当《ジュスト》でありうるのは、当を得ることの意味《ジュステス》においてであり、決して正義《ジュスティス》の意味においてではない。しかし、行為遂行が正義の意味で正当でありうるためには、さまざまな協約を、したがって他のさまざまな行為遂行を、埋めて隠されたものそうでないものを問わず基礎にするほかはないのであるから、それは常に自分のなかに何か突出的な暴力を抱えている。行為遂行は、理論的な合理性の求めるさまざまな要求にはもはや応答しない。それは一度も応答したことがないし、応答する力をもったことも一度もない。これについてわれわれは、構造面から考えることによって、ア・プリオリな確信を抱くにいたる。そもそも事実確認的言明というものは、それそのものが、少なくとも暗黙の前提にはなっている行為遂行的構造の上に成り立っているので(「僕は君に話しているのだと、君に宛てて話をしているのだと僕が君に言うときに僕が君に言おうとしているのは、今言っていることは真実だと、今言っているとおりだということだ。僕は君に真実を言っているだとか、君には真実を言うよう努めているとか僕が言うとき、僕は僕が言っていることを文章にしてそれに署名することを君に約束している(または、改めて約束している)のだ」、等々)、理論的＝事実確認的な言明の真理性の次元、すなわちそれが当を得ているかどうかが問題となる次元は、その前提として常に、行為遂行的言明の正義の次元、すなわち行為遂行的言明の本質であるせき立てられること、をもつのである（今述べたことは、すべての領域における理論的＝事実確認的言明について当てはまるが、法／権利の理論の領域におけるそれについてはとりわけ当てはまる）。急き立てられることによってわれわれは、対称性を必ずある程度は損なわざるをえないし、暴力性をいくらか帯びざるをえない。今述べたのとはまったく異なる言語活動によって、また今述べたのとはまったく異なる論証手続に従って、「真理は正義を前提にする」[18]と高らかにうたうレヴィナスの命題を、今述べたようにして理解してもいいのではないだろうか。フランス語の慣用句を手際の悪さを承知でもじって使うことにより、これまでの話に締めくくりをつけることができるであろう。すなわち、「正義、それだけが真実である（La justice, il n'y a que ça de vrai）」。言うまでもなく、今述べたことは、真理の地位の問題に影響を与えないわけにはいかない――ただし、まだそれを真理と呼んでよいとすればの話だが。すなわち、真理とは「行わ」ねばならないものだと聖アウグスティヌスが想起させているまさしくその真理の地位が問題となるのである。

　逆説的なことに、このように行為遂行性があふれ出るからこそ、また解釈が自分の手に負えないはずのことを常にしてしまうからこそ、つまりわれわれが切迫され急き立てられるということが正義の構造であるからこそ、正義は、待ち望むという地平とは無縁である（統制を待ち望むのであれ、メシアを待ち望むのであれ）。しかしまさしくこのために、正義にはたぶん（peut-être）

何らかの未来（avenir）があるのだ。この未来とはまさしくこれからやって来るということ（à-venir）であり、これからやって来るということは将来（futur）と厳密に区別する必要がある。将来には開かれた部分がなくなっている。開かれた部分とはつまり、他者（これからやって来るものだ）がやって来ることであり、他者がやって来ることなしには正義はないのである。そしてまた将来は、現在を常に再現することができる。すなわち将来は、将来の現在として、現在を修正した形式によって自分を知らしめ、あるいは自分を現前させる。正義は、これからやって来る（à venir）という状態のままにある。つまりそれは、これからやって来るをもち、これからやって来るということである。それは、これから否応なくやって来るさまざまな出来事からなる次元そのものを開いて見せてくれる。正義は常にそれを、つまりこのこれからやって来るということをもつであろうし、常にそれをすでにもっているであろう。たぶん、まさしくこの理由によって正義は、単なる法的または政治的な一概念にとどまるのでない限り、未来において、法／権利や政治を変革したり改造したり基礎づけ直したりするための道を切り開く。

「たぶん」と常に言う必要があるのは、たぶん正義のためである。正義のための未来が何かしら存在するし、また何かしらの正義が存在するのは、ある程度の出来事が可能である限りでのみのことだ。ある程度の出来事とはつまり、計算を超出し、さまざまな規則やプログラムや予測等々をことごとく超出するような、出来事と言うにふさわしい出来事である。正義とは、絶対的な他性の経験である以上、現にそこにあらしめる／現前させることのできないものだが、しかしそれは、出来事が出現する好機であり、また歴史なるものの条件である。おそらくそれは、判別することのできない、とある歴史だと映る。もちろん誰にとってそう映るかというと、社会的歴史、イデオロギー的歴史、政治的歴史、法的歴史、その他取り扱う歴史は何であろうとも、歴史という言葉によって自分が語ろうとするものが何かを知っていると思っている人々である。

このように正義が法／権利や計算を超出するということ、現にそこにあらしめることのできないものが、規定可能なものの外にあふれ出ること、これをもって、法的＝政治的闘争を差し控えるためのアリバイとすることはできないし、そうすべきでもない。つまり、一制度内や一国家内においても、異なる制度間や国家間においても、法的＝政治的闘争は一切行わないためのアリバイとすることはできないし、そうすべきでもない。計算不可能な贈与的正義の理念は、それだけを働かせてみた場合には、悪しきもの、それどころか最も悪しきものとさえほとんど変わらないように見えるのが常である。なぜならこのような正義の理念は、この上なく奸智にたけた計算に固有のものとして把握し直すことが常に可能であるからだ。このように把握し直すことは常に可能である。そしてこの可能性が、われわれが少し前に述べた狂気の一部をなす。このリスクに対する絶対的な保険の一つと考えられるものも、なしうることといえば、正義への訴えかけ、つまり常に損なわれる訴えかけのなかの開いた傷口に何かを詰め込む（saturer）かまたはそれを縫合する（suturer）ことぐらいである。しかし、計算不可能な正義は計算するように命令する。この計算はまず、正義と関連づけられるもの、すなわち法／権利や法的領野にいちばん近いところで行わねばならない。なぜいちばん近いところでかというと、法的領野を明確な境界線で仕切ることができないからだ。しかしまた、法的領野から分離することのできないすべての領野のなかでも計算は行わねばならない。こうしたさまざまな領野は、法的領野のなかに割って入り、したがってもはや単なる領野とは言えない。つまりそれは、倫理的領野、政治的領野、技術的領野、経済的領野、心理＝社会学的領野、哲学的領野、文学的領野、等々である。計算せねばならない（il faut）、すなわち計算可能なものと計算不可能なものとの関係を取引きをもって妥結させねばならない。それも、われわれが今「投げ出され」ているその場所でも、またわれわれが今自分を見出しているその場所でも発明し直すには及ばない、というような規則などない状態で、妥結させねばならない。しかし、それだけでは済まない。さらにまた、このような計算を、できるだけ遠くにまで押し及ぼさねばならない。すなわち、われわれが自分を見出す場所のかなたにまで押し及ぼし、また道徳・政治・法／権利として今やはっきりと判別の可能なそれぞれのゾーンのかなたにまで押し及ぼさねばならない。国内的なものと国際的なものとの区別、公的なものと私的なものとの区別、等々のかなたにまで押し及ぼさねばならない。このねばならないという命令《オルドル》は、正義に固有のものとして付属するわけではないし、法／権利に固有のものとして付属するわけでもない。この命令がこれら二つの空間のうちの一方に付属するのはなぜかというと、そこからはみ出してもう一方の空間に達するためでしかないのだ。これが意味するところはこうだ。すなわち、これら二つの命令は、まさしくそれらが異質的であることをもって分離しえないものになっているのである。すなわち、事実問題として見ても権利問題として見ても分離しえないのである。例を挙げよう。政治化は、たとえすべてを覆い尽くすことは決してできないし、またそうあるべきでもないとはいっても、止むことがない。今言ったことを自明の理ないしは陳腐な物言いにしないためには、そこから次のような帰結がでてくることを見逃してはならない。すなわち、政治化が一歩進むたびに、われわれには責務が負わされる。その責務によってわれわれは、前もって計算によって立てられていたような、あるいは前もって境界を定められていたような、法／権利のもろもろの基礎事項そのものを考え直し、したがって解釈し直さねばならないのだ。今言ったとおりになった例として、フランス人権宣言、奴隷制度廃止がある。さらには、世界のいたるところで、男性のため女性のために今なお進行を続け、かつ今後も進行を続けていかねばならないすべての解放闘争もまたそうである。解放を掲げる古典的理想ほど、すたれずにいるものはほかにないと、私には思われる。今日この理想の権威を失墜させようと試みることは、強引なやり方によるのであれ、手の込んだやり方によるのであれ、少なくともいささか軽率であり、さまざまな最悪の共謀関係をとり結ぶことになるのは避けられない。なるほど、支配からの解放《エマンシパシオン》、重荷からの解放《アフランシスマン》、拘束からの解放《リベラシオン》の各概念を捨て去るのではなく、それどころか、われわれが今記述しているさまざまな奇妙な構造を考え合わせながら、これらの概念を練り直すことも必要である。しかし、地゠政学の大きなものさしによって今日判別することのできる、法゠政治化されたもろもろのテリトリーを越えたところに、また自己利益優先で行われる横流しと臨検をすべて越えたところに、またそれぞれの立場で特定の観点から国際法を自分に合うように捉え直そうとする作用をすべて越えたところに、これらとは別物であるさまざまなゾーンが絶えず開かれねばならない。ただしこれらのゾーンも最初は、付随的ゾーンまたは周縁ゾーンのように見えるかもしれない。この周縁的であることが意味するのはまた、ある種の暴力、さらにはある種のテロリズムやそれ以外のさまざまな形態の人質取りの力が働いているということである。これに関するわれわれに最も身近な例を探し出すためには、次の法律《ロワ》にあたってみるのがよいであろう。すなわち、さまざまな言語の教育と使用に関する法律、教会法の合法化《レジティマシオン》に関する法律、科学研究の軍事的利用に関する法律、中絶に関する法律、安楽死に関する法律、臓器移植をめぐる諸問題に関する法律、子宮外妊娠に関する法律、生命工学に関する法律、医学実験に関する法律、エイズの「社会的取扱い」に関する法律、マクロ的麻薬政策やミクロ的麻薬政策に関する法律、「ホームレス」に関する法律、等々。そして最後に、当然そこに加えるべきものとして、動物的生命と呼ばれるものの取扱いに関する法律、いわゆる動物性をめぐるとてつもなく大きな問いに関する法律。この最後の問題については、私がこれから取り組むベンヤミンのテクストから明らかになることがある。それは、このテクストの著者にはこの問題が耳に入らなかったとか切実なものとは感じられなかった、などとは言えないということである。もっとも、この点に関する彼のもろもろの命題は、はっきりしないままであったり、伝統にそったままのものであったりすることも多いけれども。

第二部　ベンヤミンの個人名

［序論。[1] 正しいかどうかは別として、私としては次のように考えた。〔以下九三頁八行まで、原文はイタリック体で書かれている〕「ナチズムと最終解決。表象の限界（Le nazisme et la solution finale. Les limites de la représentation）」をテーマにしたこのような会議のオープニングに、ヴァルター・ベンヤミンのなにかあるテクスト、とりわけ『暴力批判論（Zur Kritik der Gewalt）』と題された一九二一年のエッセーの尋問を行っても、たぶんまったくこの場にふさわしくない振舞いをしたことにはならないだろう、と。そこで私は、このベンヤミンのテクストの少々リスクのある読解をあなたがたにお見せすることにした。そうすることにした理由はいくつかあったが、これからお話しすることがそれらを一つに集約するように思われる。

(1) この落ち着きがなく謎めいた、おそろしいまでに両義的なテクストは、私が思うに、まるで前もって徹底破壊・絶滅・完全消滅のテーマにとり憑かれているかのようだ（しかしここで「前もって」と言えるのだろうか）。すなわちまず最初に、正義《ジュスティス》を消滅させるとは言わないまでも、少なくとも法／権利《ドロワ》を消滅させること。そしてこれらの法／権利のなかでも、人間の数々の権利《ドロワ》を消滅させること。または少なくとも、ギリシア的タイプや「啓蒙（Aufklärung）」タイプの自然法論的伝統の範囲内で解釈することができるような人間の権利を消滅させること。このテクストは絶滅させる暴力に関するさまざまなテーマにとり憑かれている、と私がわざわざ述べたのはなぜかと言うと、それが何よりもまずとり憑かれるということそのものに、つまり幽霊《ファントム》の擬似＝論理にとり憑かれているからである。これについては後で論証してみたい。この擬似＝論理は、現前《プレザンス》・不在・再＝現前化《ル・プレザンタシオン》という存在論的論理よりも強力であるから、それに取って代わるべきものかもしれない。ところで私は自問する。すなわち、「最終解決」と呼びならわされているこの名もなき事物のなかにある何を考え、そしてとりまとめておけばよいのか、を考えるために自らを結集させまたは思いを凝らす共同体は、何をおいてもまず次のように表明すべきではなかろうか——自分たちは幽霊の掟《ロワ》、幽霊についての亡霊《スペクトラル》じみた経験やさらには幽霊の記憶を快く受け入れたい。幽霊とはつまり、死んでもいないし生きてもいないもの、死んでいるだけでもなければ生きているだけでもないそれ以上のもの、つまりただ生き延びているだけではないそれ以上のもの、のことである。すなわち自分たちが快く受け入れたいのは、最も威圧的な記憶の掟である。この記憶は最も威圧的である反面、最も完全に抹消されており、また最も簡単に抹消しうるものであるけれども、まさしくこの理由で最も多くの要求をつきつけるのだ、と。

このベンヤミンのテクストには、ある意味ではユダヤ的だと言われ、かつある意味で自分はユダヤ的だと述べる一思想家による署名がなされているばかりではない（私が何にもましてお話ししたいと思っているのは、この署名の謎についてである）。『暴力批判論』はまた、ユダヤ教的パースペクティヴのなかに書き込まれてもいるのである。このユダヤ教的パースペクティヴによれば、正義《ジュスト》にかなう神的（ユダヤ的）な暴力、つまり法／権利を破壊する暴力が、神話的《ミティック》（ギリシア的伝統の）暴力、つまり法／権利を設定し維持する暴力、に対置される。

(2) このエッセーの深層論理は、言語活動《ランガージュ》についての一つの解釈を働かせる——それは言語活動の根源と経験についての一つの解釈である。その解釈によれば、悪、すなわち死に到らしめるような威力は、まさしく表象（この討論会のテーマ）という道を通って言語活動のもとにやって来る。表象という道を通ってとはつまり、再＝現前させる次元によってということである。再＝現前させるとは媒介するということであり、したがって技術的、効用主義的、記号論的、情報供給的ということである。そしてこれらの威力はそのすべてが、言語活動をもとあった場所から引き抜いて堕落の道へと引き込み、それをその根源的な目的とはほど遠いところやそれをはずれたところへと失墜させる。この根源的な目的とは、名を呼ぶこと《アペラシオン》、命名すること《ノミナシオン》、つまり名によって現前を贈与することまたは現前を呼び出すこと、であったはずである。この名についての思想が、亡霊《スペクトル》によるとり憑き作用や亡霊の論理とどのようにしてつなぎ合わされるのかわれわれは自問するであろう。だからこのベンヤミンによるエッセーが取り扱うのは、出来事、つまりやって来る悪である。それは表象によって言語活動のもとへとやって来るのである。このエッセーにおいてはまた、責任と有罪性の概念、犠牲・決断・解決・懲罰・贖罪といった概念が、目立たないけれども間違いなく主要な役割を演じている。そしてこの役割はほとんどの場合、決断不可能なもの、つまり魔神的《デモニック》かつ「魔神のようにあいまいな」もの、の両義的価値と結びついている。

(3)『暴力批判論』は、言語活動の倒錯と堕落としての表象《ルプレザンタシオン》の批判であるばかりでなく、形式的で議会主義的な民主主義の政治体系としての代理／代表《ルプレザンタシオン》批判でもある。

この観点から見ると、この「革命的」エッセー（マルクス主義的でもあればメシア的でもあるスタイルにおいて革命的な）は、一九二一年当時、反議会主義・反「啓蒙（Aufkläiung）」の大波に属している。そしてナチズムは、一九二〇年代と三〇年代のはじめには、いわばこの大波に乗って浮かび上がり（faire surface）、そればかりかその上で「サーフィンする（surfé）」ことにさえなる。カール・シュミット――ベンヤミンは彼を称賛し、文通を続けた――は、彼のこのエッセーをほめたたえた。

(4)　表象への問いはこれほどの多面性と多義性をもつのであるが、この奇妙なエッセーはさらに別の観点からこの問いを立てる。二つの暴力、すなわち法／権利を基礎づける暴力と法／権利を維持する暴力とをまずはじめに区別しておきながら、ベンヤミンはあるとき次のように認めざるをえなくなる。すなわち、一方の暴力は、他方の暴力とそれほど根本から異質のものではありえない。なぜなら、法／権利を基礎づけると言われる暴力とは、法／権利を維持する暴力が語の強い意味で「再現前させ《ルプレザンテ》」たものであることが往々にしてあるからだ。そのうえで維持する暴力は、いわゆる基礎づける暴力を当然のこととして繰り返すのだ、と。

これらの理由のすべてをもとにして、また相互に絡み合ったこれらの糸のすべてに従いながら――これについてはまた後で述べる――、いくつかの問いを立ててみることができる。これらの問いをはっきりと示すことのできる時間や手だてをここではもちあわせていないとはいえ、それらは私のなす読解が切りひらく地平の上にちゃんとあるはずである。「最終解決」についてベンヤミンが考えていたとすると、それはどんなことであっただろうか。あるいは少なくとも、このエッセーのなかには、「最終解決」に関するベンヤミンのどんな思想が潜在的に形成されまたは一つにつなぎ合わされているのだろうか（そしてそれは先取りしうるものだろうか）。「最終解決」を企てること、それを実行に移すこと、それによる犠牲者たちの経験についてはどうだろうか。「最終解決」にふさわしいものであろうとしたさまざまな判決、訴訟、解釈、物語的表象、説明的表象、文学的表象についてはどうだろうか。ベンヤミンなら、これらについて何と言っただろうか。「最終解決」についてどのように語って欲しいと彼なら願ったであろうか。「最終解決」についてどのように表象して欲しいと願ったであろうか。またどのような表象の仕方はやめてほしいと願ったであろうか。彼自身は、「最終解決」の正体をどう捉えたいと思っただろうか、それはどこで起こり、その起源は何であり、その責任の所在はどこにあると考えるのがよいと思っただろうか（哲学者として、裁判官ないし法律家として、道徳家として、信仰に生きる人間として、詩人として、映画監督として）。さまざまなコードがこのテクストのなかで交差して、こんなにも特異な複合体ができ上がっている。話を限定すると、マルクス主義的革命の用語法が、メシア的革命の用語法に接ぎ木されている。いずれの革命ともに、ある歴史的新時代の到来を知らせるだけのものではない。それらはまた、神話から解放された本当の歴史がまさに始まるのだという知らせでもある。こういったことすべてを考え合わせてみると、「最終解決」についてのベンヤミンの言説はこうだと、また「最終解決」をめぐって言説を立てることは可能か不可能かという問題についてのベンヤミンの言説はこうだと、仮説を立てることがむずかしくなる。ヴァンゼー会議があったとされる一九四二年、フランス＝スペイン国境でベンヤミンが自殺したとされる一九四〇年、この二つの客観性をもった日付を信用して、ベンヤミンには知りえなかったことだと言おうものなら軽率だと非難されるであろうような、一つの「最終解決」がある。このような出来事の年表から、すべてが自ずと明らかになるわけでは決してないであろう。そのうえ、次の仮説を裏打ちしうるだけのものはいつでも見つかるであろう。その仮説によると、ベンヤミンは、一九二一年にはすでに、次のような最終解決の可能性のことしか考えていなかったというのである。その最終解決は表象の秩序に挑戦する。たぶんこの表象の大本には、彼に言わせると根本悪――すなわち言語活動が表象作用／再現前化《ルプレザンタシオン》へと堕落することとしての堕落――があるだけに、その挑戦はより激しい調子のものになる。彼の言説を貫くある変わることのない論理を拠り所にすると、数多くの徴候的記述から次のように考えることができる。すなわち、ベンヤミンの考えによると、この表象しえない事象――これがその後「最終解決」と呼ばれることになる――の後も、言説や文学や詩が不可能になるということはなく、それどころかそれらは、これまで以上に根源的かつ終末論的に、さまざまな名からなる言語、つまり名を呼ぶことの言語または名を呼ぶことの詩学の再来を、すなわちいまだに約束されているだけのそれの到来をひそかに吹き込む（dicter）ことになる。このような言語または詩学は、さまざまな記号からなる言語、つまり情報供給や伝達のための表象作用／再現前化からなる言語とは正反対のものである。

　最後に、つまりある読解を終わらせ、そのなかでナチズムと最終解決との地平を、それを予告する数々の徴候または閃光を通してのみ出現させ、潜在的に、斜めから、または省略的にのみ取り扱った後で、私はいくつかの仮説を提示する。これらの仮説は、この一九二一年のテクストを今日、つまりナチズムの出現と「最終解決」なる出来事を経験した後でどう読むことができるかに関するものである。

この特異なテクストについて一つの解釈を提示する前に、そしてこれまで述べてきた以上にこのテクストに密着したいくつかの問いをつなぎ合わせてみる前に、私にはまだこのイントロダクションのなかで、それがすでに長くなりすぎているのは承知で、いくつか言っておかねばならないことがある。すなわちそれは、私がこのエッセーを読み始めたさまざまな文脈についてである。実は私は、今日のこの討論会のことを考える前からそれを読み始めていたのである。

この文脈は二つのものからなっていた。私はそれを定義するにあたって、できる限り図式的な整理の仕方をするつもりだし、また話をしぼって、今晩ここに集まったわれわれの関心を惹くに足るいくつかの特徴だけを取り上げたい。それというのもこれらの特徴は、私のなす読解のなかにさまざまな痕跡をとどめることになるだろうからだ。

(1) 第一。「哲学の国籍とナショナリズム」と題された三年間のセミナーのなかの一環として、『カント、ユダヤ人、ドイツ人』というサブタイトルのついた研究が、一年もの長い間続けられた。そのなかで私が研究したのは、さまざまなかたちはとるけれども執拗に繰り返されるカントへの照会、さらにはカントのとる特定のユダヤ主義への照会である。それは、ヴァーグナーやニーチェからアドルノにいたるまで、「何がドイツ的か（Was ist deutsch）」という問いに答えを出したいと願ったすべての人々に見出される。この研究をしているうちに私が大きな関心をもつようになったものがある。私はそのときそれをユダヤ＝ドイツ的「プシュケ」と呼んだ。すなわちそれは、鏡がものの姿を映して人を混乱させるのによく似たいくつかの現象のもつ論理である。しかもこの論理そのものが、今世紀の偉大なユダヤ系ドイツ人思想家や作家数人のなかに反映されている。すなわち、コーエン、ブーバー、ローゼンツヴァイク、ショーレム、アドルノ、アーレントのなかに――そしてまさしくベンヤミンのなかに。ナチズムについて、そして「最終解決」について真剣に反省しようと思うならば、このユダヤ＝ドイツ的「プシュケ」の歴史と構造について尻込みせずに、いつ終わるとも知れない多面的な分析を施す手間を省くことはできない。このほかにもいろいろとあるが、ここではお話しすることができない。そのなかでも特にわれわれが研究してきたものがある。それは、一部の「偉大な」非ユダヤ系ドイツ人思想家の言説と、一部の「偉大な」ユダヤ系ドイツ人思想家の言説との間に見られるいくつかの類似である。それらはときには、このうえなく両義的でかつこのうえなく人を不安にさせる類のものである。すなわち、ある特定のドイツ愛国心が、例えばコーエンやローゼンツヴァイクのなかに、あるいはフッサールのような改宗ユダヤ人のなかに見出されるただ一つの類似だ――ほかにもある種のドイツ民族主義がただ一つの類似だとされることも多いし、ときにはある種のドイツ軍国主義（第一次大戦中や大戦後の）がそれだとされることとさえある――、とは決して言えない。それどころか、これ以外にも類似は数多い。このベンヤミンのテクストと、カール・シュミットの一部のテクストやさらにはハイデガーの一部のテクストとの間に見られるいくつかの親近性――限られた範囲のものではあるが、規定することは確かに可能である――を真剣に問いただすつもりであれば、この文脈のなかで考えねばならない、こう私は思った。私がそう思ったのは、議会制民主主義やさらには民主主義そのものに対して敵意をもつという点で、それらが親近性をもつからばかりではない。また、それらは啓蒙（Aufklärung）に対して敵意をもち、ポレモス、つまり戦争にして暴力にして言語活動、について一定の解釈をとるという点で親近性をもつからばかりでもない。それらはまた、「破壊」という当時広く流布していた主題系の点でも親近性をもつからである。ハイデガー流の破壊（Destruktion）が、「破壊」という、ベンヤミンの思想の中心でもあった概念と取り違えられることはないとはいうものの、次のように自分に問いかけることならできるはずである。すなわち、このようなしつこくつきまとう主題系は何を意味するのか、また大戦と大戦との間にそれは何を準備し何を先取りしていたのか、と。この問いは、次のような理由でますます問うに値するものとなる。すなわち、この破壊はまた、自分こそが真正な伝統と真正な記憶との条件でありたいとどんなときにも望んでいるのである。

(2) もう一つの文脈について。ニューヨークのイェシヴァ大学カードーゾ・ロー・スクールで最近開催された「脱構築と正義の可能性（Deconstruction and the Possibility of Justice)」という討論会の際に、私は別の観点からこのベンヤミンのテクストの検討を始めていた。それは、脱構築と正義とのさまざまな関係について長々と言説を展開した後で始められた。そして私は、このテクストが描く人を面食らわせるような軌道を正確に、かつできるだけ慎重にたどろうとした。この軌道はアポリアを含んでいるけれども、それは同時に、自らのアポリアそのものを通じていくつかの奇妙な出来事を産出する。これらの出来事は、テクストの自殺とまでは言わないが、一種の自己破壊としての出来事である。この自己破壊が遺産として出現させるものは、テクストに付された署名が行使する暴力のみである。すなわちそれは、その署名が神的な署名として行使する暴力である。このテクストの最後の数語、最後の文章は、ゲヴァルトという翻訳することのとてもむずかしい観念に捧げられたものだ（ゲヴァルトとは「暴力」であるが、それはまた「正統な力」、つまり権威を与えられた暴力、合法的な権力のことでもある。シュターツゲヴァルト、つまり国家権力という言い方をするときがこれに当たる）。この最後の文章は、夕暮れ時のまたは祈りの直前の笛のように鳴り響くが、その祈りをわれわれはもはや聴くことがないか、またはまだ聴いていないのである。この最後の文章、つまりこの極めつきの宛先は署名する。しかもこの署名は、ベンヤミンの個人名であるヴァルターのすぐそばになされる。そればかりではない。テクストの最後を見て欲しい。すなわち、自分が批判をなすために用いたさまざまな概念対立を、ことごとく脱構築してはその信用を失墜させようとあれこれくふうを凝らすテクストの最後を見て欲しい（とりわけ、決断可能なものと決断不可能なものという概念対立、理論的判断と革命的行為という概念対立、法／権利を基礎づける暴力と法／権利を維持する暴力という概念対立について。またこの最後の概念対立は、神話論的《ミトロジック》な法／権利の内部における対立であるが、この神話論的な法／権利そのものが、正義にかなう神的な暴力と概念対立をなす。等々）。あるいはまた、自分自身が起こす出来事の特異性、つまり自分自身の廃墟を一歩出るとほかにはどんな内容も残らない（つまりどんな理論的、哲学的、または意味論的な内容も残らない）し、たぶんそれを一歩出ると「翻訳可能」な内容さえもまるで残らないテクストの最後を見て欲しい。この最後のところで、極めつきの一文、終末論的な一文は、署名と印章に名をつける。それは名に名をつける。そしてそれは、自分を《die waltende》と呼ぶものに名をつける。このwaltenとWalterとの間でなされる「ゲーム」には、何かを論証する力はまるでないし、何かを確信させる力もまったくない。けれどもこれこそが、この「ゲーム」のもつ「論証」力のパラドクスである。すなわちこの力は、認識性と行為遂行性とが分離しているために起こるのである。しかしこの「ゲーム」に遊戯的なところはどこにもない。というのも、これも御承知のように、ベンヤミンには、特に「ゲーテの『親和力』」というエッセーにおいて示されているような大いなる関心を寄せていたことがあるからだ。すなわちそれは、固有名詞を固有の場所として起こる偶然の、それでいて意味のあるさまざまな符合である。

それにしても、暴力に署名するのは誰なのか、われわれに果たしてそれがわかるだろうか。それは神、つまりまったくの他者ではないだろうか。いつものように、署名するのは他者ではないだろうか。まさしく「神的な暴力」こそが、名づけることのできる権力を人間だけに与えることによって、すべての個人名の常に先を行っていながらもそれらをすべて与えているのではないだろうか。この奇妙なテクストの最後の言葉は次のとおりである。「神的な暴力（die göttliche Gewalt）、これは神聖な執行の標章にして印章（Insignium und Siegel）である。それは神聖な執行の手段では決してない。それは至高の暴力（souveraine）という名で呼ぶことができる（mag die waltende heissen）」。

ある種の「脱構築する」身ぶり、すなわちハイデガーのものともベンヤミンのものとも違う――これまでも違っていたし、今でも違う――身ぶりに従ってこのテクストを読もうとすると、どうすればよいか。この読解がイチかバチか立ててみたいと思う困難で漠然とした問いとは、要するにこれなのである。」

まだ御辛抱いただけるならば、今度はこれまでとは別のスタイルで、別のリズムで、約束しておいたとおり、ベンヤミンの書いた簡潔で人を面食らわせるようなテクストの読解に取りかかるとしよう。問題のテクストとは『暴力批判論』(2)（一九二一年）である。このテクストは、範例をなすものだとあえて言うつもりはない。われわれがまさしく今いるところは、さまざまな特異な範例しか結局は存在しない領域である。絶対の範例をなすものは何もない。私は、このテクストを選択したことの正しさを何が何でも証明してみせようとは思わない。しかしだからといってそれは、われわれが問題としている文脈のような比較的特定された文脈のなかで見れば、範例をなしうるもののうちでも最も悪しき範例だというわけでもない。

(1) ベンヤミンの分析に反映しているのは、ブルジョワ的・自由主義的・議会主義的民主主義というヨーロッパ型モデルの危機であり、したがってそれと不可分の関係にある法／権利の概念の危機である。敗戦したドイツは当時、この危機が極端なまでに集中して現れた場所である。この危機の目新しい点はまた、それがいくつかの現代的特徴、例えばストライキ権やゼネストの概念を備えていたことにもあった（ゼネストの概念が持ち出されるときには、ソレルが引き合いに出される場合もあったし、そうでない場合もあった）。それはまた、戦争の余波であると同時に、戦前の余波でもあった。すなわち戦前、ヨーロッパでは平和主義の言説、反軍国主義、法的＝警察的暴力を含む暴力に対する批判が展開されたけれども、挫折した。これらが、それから数年後には早くも繰り返されることになったのである。それはまた、痛ましい現実を目の当たりにして、死刑への問いや処罰する権利一般への問いが切実なものとして提起された時期でもあった。世論形成にかかわるさまざまな構造の変動が起こり、ラジオをはじめとする新たなメディア・パワーの出現と相まって、議会における議論・討論――それを通じて法律を作成する等々――というこの自由主義モデルが疑問視されはじめた。このようなもろもろの条件が、カール・シュミットをはじめとするドイツの法学者たちの思考を促す引き金になった。ここでは彼の名まえだけを挙げることにする。なぜかというと、ベンヤミンは彼を大変に尊敬しており、彼に対しては包み隠さずに学恩を負っていると述べたし、シュミット自身も機会あるごとに、ためらうことなくそれを思い出させたからである。その一方で『暴力批判論』の出版の直後には、賛辞の手紙がこの偉大なカトリック系保守主義法学者からベンヤミンのもとに届いたのである。この法学者はこの当時はまだ立憲主義者だったが、知ってのとおり、一九三三年に奇妙にもヒトラー主義へと宗旨変えした。また、ベンヤミン、レオ・シュトラウス、ハイデガーという特にこの三人と彼が行った文通についても御承知のとおりである。そこで私は、こうしたいくつかの歴史的手がかりにも興味をもった。例えば、このテクストはまず「神秘主義的」である。それは、多元的に決定された意味において「神秘主義的」であるが、この多元的に決定された意味こそは、われわれがこの講演で関心を寄せる当のものである。このテクストは「神秘主義的」であると同時に、過重なまでに批判的である。この両者は、まったく相容れないものでは決してない。いくつかの特徴から、このテクストを次のようなものとみて読んでいくことが可能である。すなわちそれは、ネオ・メシア的なユダヤ神秘主義をポスト・ソレル的なネオ・マルクス主義に接ぎ木したもの（またはその逆）とみることができる。『暴力批判論』と、ハイデガー思想におけるいくつかの動向との間にあるさまざまな類似については、誰にも見紛いようがないほどに明らかであろう。とりわけヴァルテンやゲヴァルトというモチーフについて、それは明らかである。『暴力批判論』を締めくくるのは、神的な暴力（göttliche Gewalt）というテーマである。そしてヴァルターはこの神的な暴力について、次のように言って終わる――それは die waltende という名で呼ぶことができる、名づけることができる（Die göttliche Gewalt［……］mag die waltende heissen）、と。《［……］die waltende heissen》、これがテクストの最後の言葉である。それは、テクストに付された署名にひそかに押された印章のようなものであり、またその署名の個人名のようなものである。

両義的ないくつかの契約からなる、この歴史的ネットワークこそが、私の関心を惹きつけるのであり、それを形成させる必然性やそれにまさに伴うさまざまな危険について考えさせるのである。一九八九年時点の数ある西欧民主主義体制のどれもがなお、少しばかり苦心すれば、またいくつかの注意事項を心に留めておけば、そこからさまざまな教訓を引き出すことができる。

(2) 私が思うに、このテクストは範例をなすけれども、それは一定の限度までである。すなわち、われわれのこの討論会の主題系を踏まえて考えるとき、このテクストは、一定の仕方で脱構築的読解を施すのにちょうどよいものであるというこの限りで、それは範例をなすのである。私が明らかにしようとするのはこの点である。

(3) しかしこの脱構築は、このようなテクストに自分を適用するのではない。さらにそれは、外部から何かあるものに自分を適用するようなものでは決してない。それはいわば、私が思うに、何よりもこのテクスト自身が自分自身の意志で自分自身についてなす手術、というよりも経験そのものである。

これは何を言わんとするのだろうか。そんなことがありうるだろうか。そうしたことがあるとすると、そのような出来事から何が残るのだろうか。そこで起こる自己による＝他者による＝脱構築（auto-hétéro-déconstruction）から何が残るのだろうか。このような出来事は完成することがないという、正義にかなうと同時に正義にかなわぬ事態から何が残るのだろうか。このような出来事から生まれる廃墟、またはこのような署名行為から生まれる開いた傷口とは何だろうか。私が抱くさまざまな問いの一つがこれである。それは、脱構築の可能性そのものにかかわる問いである。脱構築の不可能な可能性にかかわる問いである。[3]

さてベンヤミンの論証は、法／権利（Recht）への問いのもとで行われる。その論証のねらいは、一つの「法／権利の哲学」の糸口をつけようとするところにさえある。その次第については、もう少ししたらもっと厳密に述べることができるであろう。またこの「法／権利の哲学」は見たところ、一連のもろもろの区別立てを軸にして組織されている。これらの区別立ては、そのすべてが興味をかきたて、挑発的であるように思えるし、あるところまではなくてはならないもののようにも思える。しかしそれらからは、私が見るところでは、根本から問題を孕んでいるように思える。

(1) まずはじめに、法／権利に由来する二種類の暴力、法／権利にかかわる二種類の暴力の間の区別がある。一つは法／権利を基礎づける暴力、すなわち法／権利を創出し定立する暴力であり (die rechtsetzende Gewalt)、もう一つは法／権利を維持する暴力、すなわち法／権利のもつ永続するという性質と執行可能であるという性質とを維持し、強固にし、揺らぐことのないようにする暴力である (die rechtserhaltende Gewalt)。便宜上、ゲヴァルトを暴力と翻訳しつづけることにするけれども、すでに述べたように、この訳語を用いるにあたっては、あらかじめ心得ておくべき事柄がいくつかあった。それは、ゲヴァルトには次のような意味もありうるということである。すなわち、合法的な権力の優位性または至高性、権威を与えるかまたは権威を与えられる権威という意味である。すなわちそれは、掟の力を意味しうるのである。

(2) 次にくるのは、次の二つの種類の暴力の区別である。一つは、法／権利を基礎づける暴力である。これは「神話的」と呼ばれている（私が思うに、この「神話的」にはギリシア的という意味が言外に込められている）。もう一つは、法／権利を破壊する暴力 (Rechtsvernichtend) である。それは神的と呼ばれている（この「神的」にはユダヤ的という意味が言外に込められている、と私は思う）。

(3) 最後にくるのは、次の二つのものの区別である。一つは正義 (Gerechtigkeit) である。これは、目的定立という神的な作用の一切に関する原理 (das Prinzip aller göttlichen Zwecksetzung) である。もう一つは威力 (Macht) である。これは、法／権利の定立という神話的作用の一切 (aller mythischen Rechtsetzung) に関する原理である。

『暴力批判論』というタイトルのなかにある「批判」という語は、暴力に対して否定的な評価を下すというただそれだけの意味ではないし、暴力を正統性にのっとって退けたり断罪するというだけの意味でもない。それには、今言った以上の意味がある。すなわち、暴力について判断する／裁く (juger) ためのさまざまな手段を自分に与える判断／裁き (jugement)・評価・吟味という意味がそれである。このようにこの批判の概念は、判断／裁きというかたちをとった決断を含む限りで、また判断する／裁くことのできる権利に関する問いを含む限りで、法／権利の領分との間に一つの本質的な関係を、すなわちその概念自体からでてくる関係をもつ。この点では実は、カント的な批判概念の伝統にいくらか連なるところがある。暴力 (Gewalt) を、評価のための批判を加えることのできるものとして概念的に把握しうるのは、法／権利と正義 (Recht, Gerechtigkeit) の領分ないしは道徳的諸関係 (sittliche Verhältnisse) の領分においてのみである。自然の暴力や物理的暴力といったものはない。比喩を使って言えば、地震についても、また肉体的苦痛についてさえも、暴力だと言える。しかしおわかりのように、そこで言われているゲヴァルトとは、何らかの裁判装置の前に出頭し、判断／裁きを引き起こすことのできるゲヴァルトではない。暴力の概念にふさわしいところは、法／権利・政治・道徳からなる象徴的次元《オルドル》である。つまりこの次元をなすのは、あらゆる形態の権威または権威づけか、または少なくとも権威要求である。そしてこのような概念が何らかの批判を引き起こしうるとすると、それはこの限りにおいてのみである。これまでこの批判は、手段と目的とを区別する空間のなかに書き込まれるのが常であった。ところが――とベンヤミンはこれに対して異論を唱える――、暴力とはさまざまな目的（正義にかなうものもあれば正義にかなわないものもある）のための手段でありうるかどうかと自問することはすなわち、暴力そのものについて判断するのを自分に禁じることである。そうなると、基準論は暴力の適用だけを問題にすればよいのであって、暴力そのものを問題にする必要はないであろう。また暴力を手段として捉える限り、暴力がそれ自体として正義にかなっているかいないか、道徳にかなっているかいないかについて語ることはできないであろう。批判的問いは、未解決のままになる。すなわち、暴力がただの手段でしかない場合にも、また暴力の目的が何であるかにかかわりなく、暴力をそれ自体として評価したり正義にかなうと証明《ジュスティフィカシオン》するにはどうしたらよいかという問いがそれである。この批判的次元《ディマンシオン》を締め出したのが、自然法論の伝統であるとベンヤミンは言う。自然の法／権利を支持する人々からすれば、さまざまな暴力的手段に訴えることには何の問題もない。なぜなら、自然の目的というものは、正義にかなっているからだ。暴力的手段に訴えることは、到達しなければならない目的地に向けて自分の身体を動かすことのできる人間の「権利」と同じようにして正当化《ジュスティフィエ》しうることだし、それと同じく正常なことである。暴力（Gewalt）とは、この見方からすれば、「自然の産物」（Naturprodukt）である[4]。ベンヤミンは、自然法論がこのように暴力を自然のものにすることの例をいくつか挙げている。

(a) スピノザが『神学＝政治論』において語る、自然権をもとに建てられた国家。この国家の公民は、理性によって形成される契約以前には、事実として（de facto）自分が使いこなすことのできる暴力を権利として（de jure）行使する。

(b) フランス革命下におけるテロリズムのイデオロギー的基礎。

(c) 特定のダーウィン主義思想を悪用したさまざまな主張、等々。

しかし、自然法論とは対照的に、実定法の伝統は法／権利の歴史的生成に注意を払うとはいっても、それもまた自然法論と同様に、批判的問いかけというベンヤミンの要求するものにはなれずにいる。なるほどこの伝統からすると、どんな手段であれ、それが自然で無歴史的な何らかの目的に合致したとたんに善いものになると考えることはできない。この伝統は、もろもろの手段について判断するように命じる。手段について判断するとはつまり、創出される途上にある法／

権利、つまり新たな法／権利（したがってそれは自然でない法／権利である）と手段とが合致するかどうかを判断することである。実定法の伝統は、新たな法／権利を手段の関数とみて評価するのである。したがってこの伝統は、手段の批判を締め出すわけではない。しかしいずれの伝統ともに、同じ独断論的前提を共有する。すなわちそれは、正当《ジュスト》な手段をとれば正義《ジュスト》にかなう目的に行き着くことができるという前提である。「自然法は、目的の正義によって（durch die Gerechtigkeit der Zwecke）手段を〈正当化《ジュスティフィエ》しよう〉（rechtfertigen）とする。実定法は、手段の正当性《レジティミテ》（Berechtigung）をもって目的の正義（Gerechtigkeit）を〈保証しよう〉（garantieren）とする」[5]。この二つの伝統は、独断論的諸前提のつくる同じ円環のなかを回っていると言えるであろう。そして、正義にかなう目的と正当化《ジュスティフィエ》された手段との間に何か矛盾がでてくるときには、二律背反を解決する手だてがないのである。このときには実定法は、目的が無条件的に妥当することにいつまでも気づかないであろうし、自然法の方は、手段が条件的に妥当することにいつまでも気づかずにいるであろう。

　けれどもベンヤミンは、両者を対称的に捉えてはいずれも退けているように見えるけれども、実定法の伝統のなかから、法／権利が歴史的なものであることへの感覚は捨てずにとっておく。これとは逆に、次のことも事実である。すなわち、彼が後に神的な正義について述べることは、すべての自然法論に共通する神学的土台と必ずしも相容れないわけではないのだ。いずれにせよ、ベンヤミンの暴力批判の意図するところは、二つの伝統をいずれも乗り越えよう、そしてもはや法／権利の領分にとどまったり、内部からの法的制度解釈を頼みにするのはやめよう、ということである。この批判は、彼がかなり特異な意味で「歴史の哲学」と呼ぶものからきている。そして彼はこの批判をなすにあたって、それが妥当する範囲をはっきりと限定する。すなわちそれは、ヨーロッパ法の与える素材にのみ妥当する。これは、シュミットが常に行っている限定でもある。

ヨーロッパ法は、最も根本的な性質として、次のような傾向をもつ。すなわちそれは、個人的暴力について、それがこれこれの掟（法律）ではなく法的秩序そのもの（die Rechtsordnung）の脅威となる限りにおいて、それを禁止したり罪に問うたりしようとするのである。ここから法／権利の関心がでてくる——なぜなら法／権利には、自分自身を定立し維持することに関心があるからだ。あるいは、自分が正当に代理する関心を再現前させることに関心があるからだ。法／権利の関心とは「驚くべき」（ベンヤミンの言葉）話だと思うかもしれない。けれども同時に言えることは、自分の秩序を脅かすさまざまな個人的暴力を排除せんとすることは、正常なあり方であり、自分自身の関心という意味での本性の一部をなすということである。こうして法／権利は、まさしく自分の関心のために暴力を独占する。この暴力とはつまり、ゲヴァルトの意味での暴力であり、権威としての暴力である。「法／権利には、暴力を独占することに関心」（Interesse des Rechts an der Monopolisierung der Gewalt）(6)がある。この独占がめざすのは、正義にかないかつ合法的なさまざまな特定の目的（Rechtszwecke）を保護することではなくて、法／権利そのものを保護することである。

今言ったことは、トートロジー的な陳腐な言いぐさに似通っている。しかしこのトートロジーは、法／権利からでてくる一定の暴力が現象するときの構造ではないだろうか。この暴力は、法／権利が自分自身を定立するために、自分を承認しない者をすべて暴力的だ（ここで言う暴力的とは、アウトローの意味である）と布告するところにある。この行為遂行的トートロジーまたはア・プリオリな綜合によって構造決定されているのが、掟を基礎づける一切の作用である。そしてこの基礎づけ作用にもとづいて行為遂行的に産出されるのが、さまざまな協約（または前に述べた「信奉」）である。この行為遂行的に産出される協約こそが、行為遂行の妥当性を保証してくれる。そしてこのような行為遂行のおかげではじめて、合法的な暴力か非合法的な暴力かの決断をすることのできるさまざまな手段が与えられるのである。トートロジーやア・プリオリな綜合といった表現、とりわけ行為遂行という表現はベンヤミンのものではない。しかし私の愚かな考えを言わせてもらうと、これらの表現を使ってもベンヤミンの意図に背くことにはならないであろう。

「〈大〉犯罪者のすがた」（die Gestalt des《grossen》Verbrechers）[7]が人々にとって、感嘆の気持を抱かせるほどの魅惑的力をもつ理由は、次のように説明しうる。すなわち、ある人がこれこれの犯罪を犯したがゆえに、その人に対して人々がひそかな感嘆の気持を覚えるのではない。ある人が、掟に刃向かうことを通じて、法的秩序そのものの含む暴力を赤裸々に示すからこそ、人々はその人に対して心ひそかに感嘆するのである。これと同じようにして説明をつけることができると思われるのが、フランスにおいてジャック・ヴェルジェのような弁護士がもつ魅惑的力である。彼は、「切断の戦略（stratégie de rupture）」と自ら名づけるものを実際の場面で用いることによって、どんなに賛同しかねる言い分であろうが弁護してしまう。つまりそれは、掟（法律）、司法的権威、そして彼に弁護を依頼した人々を掟（法律）の下に出頭させるという意味で大本となる、国家の正統な権威、というこれら三者からなる所与の秩序の根本的なところに異議をつきつけることである。要するにこの司法的権威の下へと出頭した被告人はこのとき、何も出頭したわけではない。つまり彼が出頭したのは、彼を召喚して出頭させようとした掟（法律）に自分は異議を申し立てると証言するためでしかない（そしてこのときも彼は証言しているわけではない）。自分の弁護士に代弁してもらいながら被告人は、法／権利の秩序――場合によっては誰が犠牲者かの特定――に異議を唱える権利があるのだと主張する。しかし、異議を唱える権利があるという法／権利の秩序とは何か。法／権利の秩序一般のことか。それともこの国家の力によって創出され、かつ実行に移される（「執行される／力あらしめられる（enforced）」）この法／権利の秩序のことか。それとも国家一般と取り違えられる限りでの秩序のことか。

これを判別させる事例にあたると思われるものがここででてくる。それがストライキ権の事例である。ベンヤミンは次のように指摘する。階級闘争のなかにあって、ストライキ権が労働者には保障されている。だから労働者は、国家と並んで、暴力への権利（Recht auf Gewalt）を保障されている唯一の権利主体（Rechtssubjekt）であり、したがってこの点では国家の独占権を分有する唯一の権利主体である。これに対して、次のように考えた人々もいるであろう。すなわち、この問題に暴力の話を持ち出す余地はないと思われる。なぜならストライキの実施、すなわちストライキの実施という活動停止、ストライキの実施という「何もしないこと」（Nicht-Handeln）は、行為にはならないからだ、と。国家権力（Staatsgewalt）がこの権利を授けることについて、それを正当化しようとするときには、国家権力にとってほかに方法がなければ、この方法がとられる。暴力を行使するのは雇用者の方であり、ストライキとは、関係するのを差し控えるというただそれだけのことであるとされる。関係するのを差し控えるとはつまり、遠ざかるという非暴力的行為である。このように遠ざかることによって労働者は、経営者側と自分とのさまざまな関係や自分の機械と自分とのさまざまな関係を宙吊りにして、経営者側や機械と疎遠な状態になるだけのことだとされる。やがてブレヒトの友人となる男は、この遠ざかること（Abkehr）を「疎遠化（Entfremdung）」と定義する。彼がこの語を書くときには引用符をつける。(8)

しかし明らかにベンヤミンは、ストライキを非暴力的だとするこの論法を正しいとは思っていない。ストライキをする人々は、労働を再開するためのさまざまな条件を提示する。つまり彼らがストライキをやめるのは、現状に変化があった場合のみである。したがって暴力に対抗する暴力があるのだ。ストライキの権利を限度いっぱいにまで広げることになるゼネラル・ストライキという概念または合い言葉は、そのようなものとしてストライキ権の本質を明らかにする。国家は、このように限度いっぱいの状態にまで移行することに我慢がならない。国家はそれを権利の濫用とみなし、次のように主張する――それは当初の意図の誤解と誤った解釈にもとづくものだ。ストライキの権利がこれまでそのようなものとして受け取られたためしはない（das Streikrecht 《so》 nicht gemeint gewesen sei）[9]、と。この場合には国家としては、ゼネストは非合法だとしてそれに有罪を宣告させることができる。そしてもしゼネストが引き続き行われるとすると、そこには革命的状況があることになる。法／権利と暴力とが同質のものではないかとわれわれに考えさせてくれるのは、つまり暴力とは法／権利の行使であり法／権利とは暴力の行使ではないかとわれわれに考えさせてくれるのは、事実上このような状況をおいてほかにはない。暴力は、法／権利の秩序の外側にあるのではない。暴力は、法／権利の内部から法／権利に脅しをかける。暴力の本質は、その威力ないしは何らかの手荒な力を行使してしかじかの結果を手にすることにあるのではなくて、所与の法／権利の秩序に脅しをかけたりそれを破壊したりすることにある。正確に言うと、この場合に問題となる所与の法／権利の秩序とはつまり、国家的法／権利の秩序である。

ところが今言った暴力行使の権利、例えばストライキの権利を付与したのは、この国家的法／権利の秩序であったはずである。

この矛盾をどう解釈したらよいだろうか。それは単に事実的な（de facto）、法／権利の本筋からはずれたことでしかないのだろうか。それともそれは、権利問題として法／権利に内在することなのだろうか。

国家、すなわち最大の力をもった法／権利が恐れるものは、犯罪ないしは強奪ではないほかのものである。犯罪や強奪は、マフィアや大がかりな麻薬密売のように大規模なものであったとしても、掟（法律）を破って自分だけもうけようとするものである限り、たとえそのもうけがどんなに莫大なものであろうと、国家としては恐れるに足りない。（なるほど今日では、これら国家に準じる国際的体制がもつ身分は、強盗団たる身分よりも根の深いものである。そしてそれらが象徴する脅威に対しては、数多くの国家が、あらゆる手段でそれと戦うと見せかけながら、それと結託する――そしてそれに屈する、例えば「不正な金の出所をわからなくすること」によって損得勘定をつける――以外には対応手段を見つけられずにいる。）国家が恐れるのは、法／権利を基礎づける暴力である。法／権利を基礎づけるとはつまり、さまざまな法／権利関係（Rechts-verhältnisse）を正義にかなうようにすることができる、正統なものにする（begründen）ことができる、または変革することができるということであり、したがって法／権利への権利の持ち主として現れることができる、ということである。このように暴力は、変革されるべき法／権利または基礎づけられるべき法／権利の秩序に前もって所属しているのだ。たとえその暴力が、われわれの正義感（Gerechtigkeitsgefühl）を傷つけるようなものであるとしても、やはりそうだ。[10] この暴力だけが、「暴力批判」を呼び覚まし、かつそれを可能にする。「暴力批判」は暴力を規定して、力を自然のままに行使することとは別のものだとするからだ。暴力批判、すなわち暴力に対して解釈によって意味のある評価を下すこと、が可能であるためには、何よりもまず暴力のなかに何がしかの意味を認めねばならない。ここで言う暴力とは、法／権利の外側から法／権利に降って湧いた偶発的事態ではない。法／権利を脅かすものはすでに法／権利に属している。すなわちそれは、法／権利への権利、法／権利の根源に属している。したがってゼネストは貴重な導きの糸を与えてくれる。なぜならゼネストは、授与された権利を行使して、既存の法／権利の秩序に異議を申し立て、ある種の革命状況をつくり出そうとするからである。ここでいう革命状況とはつまり、新たな法／権利を基礎づけようとすることであり、また常にではないが、新たな国家を基礎づけようとすることである——この後者についてはすぐ後で検討する。すべての革命状況、すべての革命的言説は、左翼的なものであろうと右翼的なものであろうと（そのうえ一九二一年以降、ドイツには、左翼なのか右翼なのかわからないほどに互いによく似た左翼や右翼が数多くあった。ただしベンヤミンはたいていは、自分を両者の中間にあるものと考えていた）、暴力に訴えることが正義にかなっているのだとする。そのときに引き合いに出されるのが、新たな法／権利が設定されつつあるまたはこれから設定されるという理屈である。新たな法／権利の設定とはつまり、新たな国家の設定ということである[11]。このこれからやって来る法／権利はそのお返しに、正義感に反するかもしれない暴力を、過去にさかのぼって正統なものにするであろうから、その法／権利が前未来形とともに使われるとき、すでにその暴力を正義にかなうようにしているのである。どんな国家であれ、それを基礎づける作用は、このように革命的と言える状況のなかで突然に起こる。この基礎づけ作用は、新たな法／権利を創始する。しかもそれは、常に暴力のなかから法／権利を創始する。常にとはつまり、たとえそのときに見せ物的な大虐殺・国外追放・強制収容所送りが起こらなくても、ということである。つまりこれらは、大国であれ小国であれ、古代国家であれ近代国家であれ、われわれの近隣国家であれわれわれから遠く離れた国家であれ、国家というものが基礎づけられるときにはたいていそれに付随して起こるのだが、こうした事態が起こらなくても、ということである。

　法／権利や国家を基礎づけるとされるこれらさまざまな状況のもとでは、前未来という文法的カテゴリーは、現在形の一修正形態でしかないようにまだ見えるので、進行中の暴力を描き出すことができない。このカテゴリーの本領はまさしく、現にそこにあるかのように見せかけること、現にそこにあるということに様態付与しただけだと見せかけることにある。「われわれの時代」

と言い、そう言いながら「われわれの現在」を考え、しかもこの現在を前未来的な現にそこにあるということを頼りに引き出す人々は、定義によって、自分が何を言っているのかよくわかっていないのだ。この非＝知のなかにこそまさしく、出来事を出来事たらしめるもの、すなわちわれわれが素朴に、出来事が現にそこにあると呼んでいるもの、がある[12]。

こうしたもろもろの瞬間は、それらだけを切り離すことができるとすると、恐るべき瞬間である。なぜ恐るべき瞬間かというと、それにはたいてい数々の苦しみ・犯罪行為・拷問がつきものであるからだ。なるほどそうだ。しかしそればかりではない。すなわちそれらの瞬間そのものが、まさしくそれらのもつ暴力的側面のために、解釈しえないまたは読み解くことのできないものであるのだ。これを称して私は「神秘的」と呼んだのである。ベンヤミンの説明を見る限りでは、なるほどこの暴力は、われわれが読み、さらには理解することのできるものである。なぜならそれは、法／権利と無縁ではないからだ。それはちょうど、ポレモスやエリスが、ディケーのとるすべての形式や意味作用と無縁であるわけではないのと同じことである。しかしこの暴力は法／権利のなかにあって、法／権利を宙吊りにするものである。それは既成の法／権利をさえぎり、それとは別の法／権利を基礎づける。法／権利を宙吊りにするこの瞬間つまりエポケー、すなわち法／権利を基礎づけるこの瞬間つまり革命的な瞬間は、法／権利のな、か、に、あ、っ、て、法／権、利、の、な、い審級である。けれどもそれは、法／権利の歴史のすべてでもある。この瞬間は常に起こるけれども、現にそこにあるという仕方で起こることは決してない。それは、法／権利を基礎づける作用が、すき間の部分において、または深淵が口を開けたところで宙吊りになったままの瞬間である。宙吊りにするのは、遂行的な現実的行為そのものである。すなわちそれは、誰に対しても、誰を前にしても申し開きを立てるつもりのないような行為である。この純粋な行為遂行の仮想主体は、もはや掟を前にしてはいないであろう。より正確に言えば、その主体は、まだ規定されていない何らかの掟を前にしているであろう。それが掟を前にしていると言いたければ、この掟を前にするとは、まだ現実存在していない何らかの掟を前にすることだと理解すればよい。まだ現実存在していない何らかの掟とはつまり、まだこれからやって来る何らかの掟であり、これからやって来るとは、まだ前にありかつやって来なければならないということである。そして、「掟の門前」にあるという、カフカが語るような状況は、今述べたようなありふれた、しかし同時に恐るべき人間状況と似ている。すなわち、今述べた状況下に置かれた人間はどうしても掟を目にするまでにはいたらないし、とりわけ掟に触れたり掟に追いつくまでにはいたらない。なぜなら掟とは、ほかならぬ人間がそれを、これからやって来るものとして暴力を用いて基礎づけねばならないまさにその限りで、超越的であるからだ。ここでわれわれは、次のような並はずれたパラドクスに「触れる」。それに手を触れることなしにそれに「触れる」のである。すなわち、「人間」が掟を前にして、かつそれの以前に陣取っていながら、それに近づくことができないという掟の超越性が、無限に超越的であるように見え、したがって神学的なもののように見えるのは、次のような事実がある限りにおいてのみである。すなわち、超越的なはずの掟が人間にこのうえなく近いところにあって、人間のみを拠り所にするとは、人間が掟を創出する遂行的な現実的行為を拠り所にするという事実である。人間を拠り所にするとは、すなわち、掟は超越的であり、暴力的であると同時に暴力的でない。なぜなら掟とは、掟を前にしている者――したがって掟の以前にある者――を唯一の拠り所にするからである。つまり掟を前にしている者とは、絶対的な行為遂行性において掟を産出し、基礎づけ、権威あらしめる者にほかならないが、この絶対的な行為遂行性が現にそこにあるということを彼自身が把握しようとしても、それは常に彼の目を逃れ去るのである。掟とは超越的で神学的なものである。つまりそれは、これからやって来るという状態に常にあるものであり、約束されているという状態に常にあるものである。それというのも掟とは内在的で有限であり、したがってすでに行き過ぎたものであるからだ。そもそも「主体」というものは、前もってこのアポリアを含んだ構造のなかに取り込まれているのだ。

この掟について理解可能性または解釈可能性を産出するのは、未来をおいてほかにないであろう。このベンヤミンのテクストの字句を踏み越えてそのかなたまで行くと――私は少し前からもはや注釈のスタイルでテクストの字句を追うのをやめており、それをその未来から解釈している――、次のように言えるであろう。すなわち、理解可能性にもとづく秩序の方が今度は、設定された秩序、すなわち理解可能性にもとづく秩序の助けを借りて解釈される秩序、を頼みとする、と。したがって、この読むことができるということは、非暴力的であるとは言えないのと同様に、中立的であるとも言いがたいであろう。「成功した」革命、つまり国家の基礎づけに「成功した」ことが(この言い方を私は、「適切な/幸運に恵まれた(felicitous)」「遂行的言語行為(performative speech act)」という言い方といくらか相通じる意味で使う)、攻撃の後で産出するであろうものは、革命が前もってなされていた運命づけに従って産出するものである。産出されるものとはすなわち、しかるべきさまざまな解釈用モデルである。それらは産出されたことのお返しとして、読む力をもつ。すなわちそれらは、意味や必然性、わけても正統性を暴力に与えることができるけれども、実はこの暴力こそが、なくてはならないものとして当の解釈用モデルを産出したのである。すなわち暴力は、当該解釈用モデルという、自分を正統なものにするための言説を自分で産出したのである。この循環――すなわち、これまでのものとは別の解釈学的循環、これまでのものとは別の暴力循環――の実例には事欠かない。このような実例は、われわれの近隣にも遠く離れたところにも見出されるし、まさしくこの場でもよそでも見出される。それは、とある主要大都市のとある界隈から界隈にかけて起こることかもしれないし、とある市街から市街にかけて起こることかもしれない。あるいはそれは、世界戦争との関連で、すなわち世界戦争とはさまざまな国家や民族《ナシオン》が基礎づけられたり破壊されたりその体制の立て直しが行われたりする過程であることとの関連で、とある国土から国土にかけて、あるいはとある陣営から陣営にかけて起こることかもしれない。国家主権と内政不干渉という西欧の概念を基礎にして構成されているような国際法の限界を画定しそれを限界から解放するためには、そして他方ではそのような国際法のもつ完成へと向かう無限の可能性を考え抜くためには、今言ったことを肝に銘じておかねばならない。暴力に訴えながら国家を基礎づけるという行為遂行が成功した（「適切な／幸運に恵まれた」）のかどうかが、数世代にもわたって見分けられないようなケースがいくつもある。われわれはその気になれば、そのなかから一つならざる例を挙げることができるであろう。暴力のこのような不可読性は、ある種の暴力の可読性そのものの特質である。すなわちそれは、人によっては法／権利の象徴的秩序と呼ぶかもしれないものに属し、物理そのものには属さないような類の暴力である。われわれとしては、このような可読的なものとしての不可読性の「論理／ロゴス性《ロジック》」を、手袋のようにひっくり返したいという気になるであろう（なお、今言った「論理／ロゴス性」とは、引用符つきの「論理／ロゴス性」である。なぜならこの「不可読的」とは、ロゴスの秩序をもとにして言えばまさしく「非ロゴス的／非論理的」でもあるからだ。そしてこのこともまた、私の次のようなためらいの理由になっている。すなわち、この「不可読的」を「象徴的」と呼び、そうすることでこの「不可読的」をラカン的言説の秩序のなかに投げ入れてそれでよしとすることへのためらいである）。要するに、この可読的なものとしての不可読性が意味するものは、解釈しながら読むことの真っただなかにある法的＝象徴的暴力、すなわち行為遂行的暴力である。そして換喩を使うことによって、この範例または指標を本質の概念的一般性を表すものへと転換させることができるであろう。

以上のことを踏まえるならば、次のように言ってよいであろう——「ゼネスト」の可能性、すなわちゼネストの権利に匹敵する権利は、およそ解釈しながら読むということのなかにある。すなわち、解釈しながら読むこととは、最も強力な権威である国家の権威を支えにして存立している法／権利に異議を唱えることができるという権利全般のことである、と。このときに人がもつ権利というのは、正統性を与える権威や、それの立てる一切の読み方の規範を宙吊りにすることのできる権利である。ここで言うところの宙吊りにするとはつまり、最も読み取りを進ませる、最も読んで得るところが大きく最もツボを押さえたさまざまな読み方をすることで、宙吊りにする、ということである。当然のこととしてこれらの読み方は、読み取れないものを持ち出しては、自分ならどう読むかを説明してみせる。そしてこのような自己説明は、ある別の読み方の秩序、すなわちある別の国家を基礎づけるために行われることがある。あるいは基礎づけることなく終わったり、さらには基礎づけしないために行われることもある。なぜこのように言うかというと、われわれが後で見るように、ベンヤミンは二種類のゼネストを区別するからである。一方は、ある国家の秩序に代えて別の国家の秩序を置くという目的のために行われるものであり（政治的ゼネスト）、もう一方は、国家なるものは廃棄するという目的のために行われるものである（プロレタリア・ゼネスト）。

これは要するに、脱構築へと誘いかける二つのものということである。

なぜなら、何か新しいものを設定する読み方にはすべて、いくらかゼネスト的なところがあり、したがって何がしかの革命状況があるからである。何か新しいものを設定する読み方は、さまざまな確立した読み方典範や読み方規範に照らして読んでわかるような代物ではない。確立した読み方典範や読み方規範とはつまり、読み方の現在の状態《エタ》ということである。あるいは、可能性のある読み方という状態において、国家《エタ》——エタはエタでも大文字のEで綴られるエタ——を比喩的に表現するものということである。このようなゼネストを目の前にするとき人は、場合に応じて次のような言葉を口にするだろう——アナーキズム、懐疑主義、ニヒリズム、脱政治化、またはこれとは反対に、体制転覆につながる行き過ぎた政治化、と。今日ではゼネストは、目を見張るほど数多くの人々を動員しなかったり動員したりする必要はない。すなわち、特に重要ないくつかの場所の電気系統を切断すれば十分である。例えば、数々の公的・私的な郵便通信サーヴィス、ラジオ、テレビ、さまざまな中央一括情報処理ネットワークなどである。あるいは、選りすぐったコンピューターのネットワークのなかに効き目のある数種のウイルスを注ぎ込むか、ないしは——アナロジーを使って言うと——エイズに相当するものを、情報伝達を司るもろもろの器官、すなわち解釈学的対話（Gespräch）のなかに注ぎ込むかすればそれで十分である。[14]

われわれがここで行っていることは、政治的行為のさまざまなモデルや構造、のみならず読み取り可能性から見た政治的行為のさまざまな様態に照らしてみて、ゼネストや革命に類似のものでありうるだろうか。脱構築とはそのようなものなのであろうか。脱構築とはある種のゼネスト、ある種の切断の戦略であるのだろうか。ウイであると同時にノンである。次の点に関する限りでは、ウイである。すなわち、脱構築が異議申し立ての権利をつかみ取り、その権利にもとづいて国家構成的なさまざまな公式作法（protocoles constitutionnels）に異議を申し立てる——それも単に理論的に異議を申し立てるのではない——ことができるという点に関する限りは、である。国家構成的な公式作法とは、われわれの文化やとりわけアカデミズムの世界において読み方の統制を行うまさに憲章にほかならない。しかし、少なくとも次の点に関する限りでは、ノンである。すなわち、脱構築が展開されるのはなおアカデミズムの世界のなかであるという点に関する限りは、である（そして、もしわれわれがなすことを、冷やかしや下司のかんぐりにしたくなければ、次のことを忘れてはなるまい。すなわち、われわれは五番街のこの場所で快適に座っているけれども、数ブロック行くと、そこはもう不正義のまかり通る生き地獄なのだ）。そのうえ次のような問題もある。すなわち、切断の戦略というものは、曲げずに貫き通すことの決してできないものだ。弁護士や被告人は、裁判所の面前で、あるいは獄中ハンガー・ストライキの途中でいわばそれをもって「取り引きせ」ねばならない。これと同様に、基礎づけのやり直しによって別の国家を立てることをめざす政治的ゼネストと、国家を破壊することをめざすプロレタリア・ゼネストとの対立の構図は、曲げずに貫き通せるようなものではない。

したがって、こうしたもろもろのベンヤミン式対立構図を脱構築する必要性は、これまで以上に強いと思われる。これらの対立構図は自分自身を脱構築する。それらが脱構築のためのパラダイムとして捉えられたからといって、自分を脱構築しなくなるわけではない。私が今言っていることは、決して保守主義的なことでも反革命的なことでもない。なぜなら、はっきりと見て取ることのできるベンヤミンの意図を越えて私が提出しようとする解釈とは、次のようなものであるからだ。すなわち、法／権利の基礎づけをなすもしくは法／権利の定立をなす暴力（rechtsetzende Gewalt）それ自体が、法／権利を維持する暴力（rechtserhaltende Gewalt）を包み込まねばならず、またそれとたもとを分かつことができないのだ。法／権利を基礎づける暴力は自己の繰り返しを要求するということ、それが基礎づけるものとはそもそも、維持すべきもの、維持することのできるはずのもの、遺産や伝統になることを約束され、分割されることを約束されるべきものであるということ、これらは、法／権利を基礎づける暴力の構造からでてくるものだ。基礎づけとは、約束（promesse）である。あらゆる定立作用（Setzung）は、引き寄せて置き（permet）、かつ前に置く（pro-met）。あらゆる定立作用は、置きかつ約束することによって、定立をなす。そして、たとえある約束が実際には守られなくても、反復可能性（itérabilité）によって、番をする約束が、基礎づけという最も突出的な瞬間のなかに書き込まれる。このように、反復可能性によって、繰り返し（répétition）の可能性が、根源的なものの核心部に書き込まれる。もっと正確に言うと――またはかえってへたな言い方になるかもしれないが――、繰り返しの可能性は、この反復可能性の掟のなかに書き込まれている。繰り返しの可能性が維持されるのは、この掟のもとにあるからまたはそれを前にしているからである。このような理由から、法／権利を基礎づけるだけの作用や定立するだけの作用などは存在しないし、したがって法／権利を基礎づけるだけの暴力も存在しない。ましてや、法／権利をただ維持するだけの暴力が存在しないのはもちろんのことだ。定立するということがすでに、反復可能性であり、自己を維持するための繰り返しに助力を求めるということである。維持作用の方でも、なおも基礎づけのやり直しをする。それによって維持作用は、自分が基礎づけたいと思うものを維持することができるのである。したがって、定立作用と維持作用との間に厳密な対立関係はない。両者の間にあるのは、差延による汚染と私なら呼ぶであろうもの（そしてベンヤミンは名づけることをしなかったもの）だけである。それが、それから導かれることのできるすべてのパラドクスを伴ってあるだけなのだ。ゼネストと部分ストとの間に厳密な区別はない（もう一度言うと、産業社会においては、このような区別をなしうるだけの技術上のさまざまな基準を欠いてもいることだろう）。また、ソレルが言うような意味での政治的ゼネストとプロレタリア・ゼネストとの間にも厳密な区別はない。脱構築もまた、この差延による汚染の思想である——そしてこの汚染が必然的に起こるものであることから採用された思想である。

この差延による汚染について、それを法／権利のまさしく核心部にある汚染として捉えたうえで考えをめぐらしたからこそ、ベンヤミンの次の一節に私は特に目を留めたのである。この一節については後でまた論じ直すつもりでいるのだが、ここでその一節を掲げておく。すなわちベンヤミンは言う。「法／権利の核心部には何か腐ったもの」(etwas Morsches im Recht)[15]がある、と。法／権利のなかには何かむしばまれたものまたは腐ったものがある。そしてそれが前もって法／権利の罪を糾弾し、または法／権利を廃墟にしているのである。法／権利がその罪を糾弾され、廃墟にされ、廃墟と化し、廃墟へと向かうのは、われわれが法／権利の主体に対して死の宣告をなすという賭けに打って出ることのできる場合である。死の宣告とは死刑の宣告である場合が特にそうだ。そして死刑に関するくだりを見ると、まさしくそこでベンヤミンは、法／権利のなかにある何か「腐った」ものについて語っているのである。

およそ解釈のなかにはストライキやストライキ権のようなものがあるとすると、そこには戦争やポレモスのようなものもあることになる。戦争をもう一つの実例にしながら、今述べた法／権利内部の矛盾について語られる。戦争の権利がある（シュミットは後に次のような不満を漏らすことになる。すなわち、戦争の権利が政治の可能性そのものだという認識はもはやない、と）。この権利には、ストライキ権に含まれるのと同じさまざまな矛盾が含まれている。一見次のように思われる。すなわち、この権利の主体が宣戦布告するのは、自然なものだと思われる目的をもった暴力に制裁を加える／承認を与える《サンクシオネ》ためである、と（相手が望んでいるのは、どこかの領土や数々の財産や女を奪い取ることだ。相手が望んでいるのは私の死だ。だから私はそいつを殺すのだ）。しかしこの戦争暴力は、掟によって保護される範囲の外にある「強奪行為」（raubende Gewalt）[16] に似ているにもかかわらず、それが繰り広げられるのは常に、法／権利の領分の内部においてである。戦争暴力とは、法的なものの内部にありながら、それとは絶縁しているかに見える異例である。この場合には、関係を絶つことが関係である。侵犯は、掟を前にしている。ベンヤミンが言うには、いわゆる原始的なもろもろの社会は、今述べたさまざまな意味作用を今の社会よりももっとあらわなかたちで見て取らせてくれる。原始社会における和平締結からよくわかることは、戦争とは自然現象ではなかったということである。和平の締結にあたっては、象徴的現象である儀式的なものが必ず行われる。この儀式的なものを見てわれわれは想起する。すなわち、戦争のなかにすでに儀式的なものが多少なりともあった。したがって戦争とは、二つの利害の衝突や二つの純粋に物理的な力の衝突に尽きるものではなかった、と。ここで重要な挿入句が登場し、次の点に注意を促してくれる。すなわち、なるほど、戦争／平和という対概念をもって話が進められるならば、和平の儀式性からわれわれは、戦争もまた非自然的な現象であったと想起する。しかしむしろベンヤミンの意図は次のところにあると思われる。すなわち彼は、「平和」という語のある特定の意味が、この相関関係のなかに巻き込まれることのないようにしたいのだ。「永遠平和」というカントの概念については特にその思いが強い。ここで彼が考えているのは、これまでとはまったく違った「非隠喩的で政治的な」(unmetaphorische und poli-tische)[17] 意味作用である。それがどれほど重要であるかについては、たぶんこの後すぐに検討することになる。問題になるのは国際法である。さまざまな個別利害――国家的なものもあればそうでないものもある――をはかるために国際法を濫用したり変質させたりするおそれが、いろいろとある。このおそれから無限の警戒が必要になる。これらのおそれを国際法が自らの構成そのもののなかに書き込んでいるだけに、その必要性はますます高い。

戦争の儀式が終わり、和平の儀式が執り行われるとき、それは物語る――勝利が新たな法/権利を設定する、と。そして戦争はどうかというと、さまざまな自然の目的をめざす、根源的で原型的な(ursprüngliche und urbildliche)[18] 暴力というのがそれの通り相場であるけれども、実際にはそれは法/権利を基礎づける(rechtsetzende)暴力なのである。別の法/権利を定立し、定着させ(setzende)、基礎づけるというこの性格が認識されたときから、近代法は、個人主体に対して、暴力への権利を一切与えない。「大犯罪者」を前にして人々は、恐怖に震え上がりながらも、感嘆の念を覚える。そしてそれが送り届けられる個人は、原始時代にそうであったように、立法者または預言者であることを示す瘢痕をわが身にもっているのである。

しかし、この二つの暴力（法／権利を基礎づけるものと維持するもの）の間に区別のための線を引き、その区別を基礎づけたり維持したりすることはとてもむずかしいであろう。われわれがベンヤミンの側に目を向けると、そこに次のような運動を目撃することになる。すなわちそれは、あいまいかつ苦心の運動であり、それによって、どんなことをしてでも一つの区別または相関関係だけは救い出そう、そしてそれがなくなるとすべてが崩れ落ちることになるかもしれない自分の企てを守ろうとしているのである。なぜそのような運動を目撃することになるのかというと、もし暴力が法／権利の根源にあるとすると、悟性の要求が働いて、この二重の暴力、すなわち法／権利を基礎づける暴力と維持する暴力に対する批判を最後まで推し進めよと命じるからである。法／権利を維持する暴力について語るためにベンヤミンが特に持ち出すのは、比較的最近のものであるいくつかの問題である。すなわち、少し前に述べたゼネストの問題と同じ程度に最近の問題である。今回持ち出されるのは、義務的兵役、近代警察、死刑廃止である。第一次大戦中やその後にすでに暴力に対するある種の熱のこもった批判が展開されていたとすると、今度はその矛先が法／権利を維持するための暴力形式に向けられたのである。軍国主義——すなわち、何らかのかたちの義務的兵役が開拓されることを前提とする近代的概念——とは、力ずくで迫られて力を使用すること、力または暴力（Gewalt）を国家や合法的なさまざまな国家目的のために使用するよう「強制すること」（Zwang）[19]である。これを見ると、軍事的暴力とは合法的であり、また法／権利の維持を行っている。そのため軍事的暴力を批判することは、「熱弁」をふるう平和主義者や行動主義者たちが考えているよりもむずかしいことだ。ベンヤミンは、彼らに対して自分は低い評価しかしていないことを隠さない。反軍国主義の平和主義者たちの一貫性のなさの原因は次の点にある。すなわちそれは、この法／権利を維持する暴力のもつ、合法的でありかつ踏みにじることができないという性格を、彼らが認めないからである。

ここでわれわれは、一つのダブル・バインドまたは一つの矛盾を相手にすることになる。それは次のように図式化しうる。一方では、法／権利を基礎づける暴力を批判することの方が、これよりも容易であるように見える。なぜなら法／権利を基礎づける暴力は、既存のいかなる合法性によっても正義にかなうようにすることができず、したがって野蛮なもののように見えるからだ。けれども他方では次のようでもある。そして、このように反転させることに、今行っている反省的考察はその関心のすべてを注ぎ込むのである。すなわち、法／権利を基礎づけるこの同じ暴力を批判することの方が、これよりもむずかしいし、正統性を欠いたものになる。なぜなら法／権利を基礎づける暴力は、既存のいかなる法／権利を司る制度の面前にも出頭させることができないからだ。すなわち法／権利を基礎づける暴力は、それが基礎づける法／権利が現行の法／権利とは別のものであるときには、現行の法／権利を承認しないのである。今述べた矛盾を構成するこれら二つの極論の中間にあるのが、革命的瞬間という把捉することのできない瞬間にかかわる問い、すなわち例外的決断にかかわる問いである。この瞬間や決断は、いかなる歴史的で時間的な連続体にも所属することがない。けれども、それらのなかで行われる新たな法／権利を基礎づける作用は、それより以前にある法／権利のどこかの部分にいわばつけ込むのである。この基礎づけ作用は、この部分を引き伸ばしたり、徹底させたり、変形させたり、隠喩や換喩を使って解釈したりする。そして、こうした形象についた名が、ここでは戦争やゼネストだったのである。しかしこの形象は、汚染作用でもある。それは、基礎づけ作用と維持作用との間につけられた単純明快な区別を消し去ったり、かき乱したりする。それは、根源性のなかに、反復可能性を書き込む。そしてまさしくこれを称して私は、仕事をする脱構築、力を尽くして取り引きする脱構築と呼ぶことにする。仕事をするまたは取り引きするとはすなわち、「事物」それ自体とベンヤミンのテクストの両方で仕事をし、取り引きする、ということである。

暴力は法／権利を含意し、法／権利は暴力を含意するという、今述べたような相互＝含意の関係を考えることのできるさまざまな理論的ないしは哲学的手段を自分自身に与えない限り、おきまりの暴力批判の数々はいつまでたっても素朴かつ一貫性を欠いたままである。ベンヤミンは、平和主義的行動主義の熱弁に対する軽蔑の気持や、個人が強制を一切受けることのないようにしたいと願う「幼稚なアナーキズム」の宣言に対する軽蔑の気持を隠そうともしない。定言命法(「きみの人格についてもまったくの他者の人格についても、きみがそのなかの人間性を常に目的として用い、決して手段として用いることのないような仕方で行為せよ」)を引き合いに出すことに異論はないとしても、それによって暴力に対する批判が可能になるわけではない。法/権利は、ほかならぬ暴力のすがたをとってもなお、次のように主張するのだ――自分はその当の目的としての人間性を、一人一人の個人の人格のなかに認め、それを守っているのだ、と。したがって、暴力に対する道徳的でしかない批判は、無力であると同時に、正当なものにはならないであろう。これと同じ理由により、自由を名目にして暴力に対する批判を展開することは不可能である。この自由に対してベンヤミンは、ここで「形の定かでない〈自由〉」(gestaltlose "Freiheit")[20]という名を与える。すなわちそれは、要するに、純粋に形式的な一個の自由、中身のない一個の形式ということである。この名づけ方は、ヘーゲル＝マルクス主義的な思想的系譜にそったものである。このようなベンヤミンの省察の過程全体とこの系譜とは無縁であると考えるならば、それは大きな間違いである。暴力に対するこれらの非難攻撃は、的確性と実効性に欠ける。なぜかというと、それらは法的という暴力の本質、すなわち「法/権利の秩序」に疎いままであるからだ。実効的な批判をなそうとすれば、法/権利そのものの身体を、その頭や手足を責めさいなむのでなければならない。すなわちそれは、法/権利がその威力(Macht)を用いて保護せんとするさまざまな掟や個々の慣行を責めさいなむということである。現実に存在するのは一つの運命だけであるということ、そしてこの運命とは唯一無比の運命または歴史であるということ(nur ein einziges Schicksal)、これが今言った秩序のあり方である。[21] このような運命はまさしく、このテクストにおけるさまざまな主要な概念の一つであるが、しかしそれと同時に最も漠然とした概念の一つでもある。運命そのものに力点を置いてもよいし、運命の絶対的な唯一性に力点を置いてもよい。現実に存在するもの、すなわち内実のあるもの(das Bestehende)と、現実に存在するものをそれが現実に存在するまさにそのときに脅迫するもの(das Drohende)とは、「侵すことのできないような仕方で」(unverbrüchlich) 同じ秩序に属する。そしてこの秩序が侵すことのできないものであるのは、それが唯一無比のものであるからだ。それを侵すことができるのは、そのなかのものだけである。思うに、脅迫の観念はこの場合にはなくてはならないものだ。しかしこの観念はまた、境界をはっきりさせることのいつまでたってもむずかしいものである。なぜならこの脅迫は、外部からやって来るものではないからだ。法/権利は脅迫すると同時に、自分自身によって脅迫される。この脅迫は、平和主義者やアナーキストや行動主義者たちが思っているようなもの、すなわちおじけづかせることや思いとどまらせることではない。掟は、運命が脅迫するような仕方で脅迫することがわかる。法/権利からでてくる脅迫の(der Rechtsdrohung)不確定性(Unbestimmtheit)のもつ「最も深い意味」に思いいたるためには、この脅迫の根源にある運命の本質について後でよく考えてみる必要がある。

こうしてベンヤミンは、運命について省察するなかで、そしてその途中で警察・死刑・議会制度の分析なども経ながら、次のような区別を立てるまでになる。すなわちそれは、神的正義と人間的正義との区別であり、また法／権利を破壊する神的暴力と、法／権利を基礎づける神話的暴力との区別である。

法／権利を維持する暴力、すなわちおじけづかせることからなるのではないこの脅迫は、法／権利の脅迫である。この「の」は二重の意味を表す属格である。すなわちこの脅迫は法／権利から生じ、かつ法／権利を脅迫するのだ。これを示す貴重な手がかりがでてくるのはこの場合には、処罰する権利と死刑とに関する領域からである。私が思うに、ベンヤミンの考えでは、処罰する権利に反対するさまざまな言説やとりわけ死刑に反対するさまざまな言説は、皮相なものであり、しかもそれは偶然ではない。なぜならそれらは、法／権利の定義をなすうえで本質的な一つの公理を認めていないからだ。どれがその公理か。それは次のようなものだ。すなわち、死刑に対する非難攻撃を企てるとき、われわれは数ある刑罰のなかの一刑罰に異議を唱えているのではない。そのときわれわれが異議を唱えているのは、法／権利そのものに対してである。法／権利そのものをその根源にまでさかのぼって、その秩序そのものをとらえて問題にしているのである。もし法／権利の根源が暴力的な定立作用であるとすると、この作用が最も純粋なかたちで現れるのは、暴力が絶対的なものである場合である。すなわちそれは、暴力が生き死にの権利に触れる場合である。ベンヤミンにすればここでわざわざ引き合いに出す必要もないことだが、彼以前に、今述べたのと同じやり方で死刑が正義にかなうことを論証したいくつかの偉大な哲学的言説があった(例えば、ベッカリーアのような初期の死刑廃止論者たちに反対したカントやヘーゲルの言説)。

法/権利の秩序が完全にあらわになるのは、死刑の可能性のもとである。死刑を廃止することによってわれわれは、数ある装置のなかの一装置に手を触れるのではない。われわれは法/権利の原理そのものを否認することになるのだ。このことから確証が得られるのは、法/権利の核心部に何か「腐った」ものがあるということである。死刑が証しを立てるべきもの、それはつまり、法/権利とは自然に逆らう暴力だという事実である。ところが今日、それとは別にこの証しを立てるものがある。しかもそれは、死刑よりも一段と「亡霊じみた」(gespenstische. これは spectrale ということであって、フランス語訳の言うような hallucinante〔幻覚を起こさせる〕にとどまるものではない[22])すがたをとることによってその証しを立てる。このようなすがたは、二つの暴力、つまり法/権利を維持する暴力と法/権利を基礎づける暴力とを混合することによってでてくる。このようにして証しを立てるものが近代の警察制度である。それは二つの異質な暴力の混合体である。それは「いわば亡霊じみた混合体」(in einer gleichsam gespenstischen Vermischung)である。一方の暴力が他方の暴力にとり憑いているかのように見えるのだ(ただしベンヤミンは、

gespenstischという語の二重の用法についてコメントしてはいるけれども、このような言い方はしていない）。亡霊の亡霊たるゆえんは、ある身体が自分自身のために、現実に存在するすがたとして現にそこにあるのでは決してない、というところにある。その身体は、現れなくなることによって現れる。言い換えるとその身体は、それが代理するものを現れなくすることによって現れる。すなわちその身体は、自分とは別のもののためのものである。われわれには、われわれが何者を相手にしているのか決してわからない。そしてこれが警察の定義であり、とりわけ国家警察という、どこに境目を設けてよいやら結局はわからないものにふさわしい定義である。このように二つの暴力の間に境界線がないこと、つまり基礎づけ作用と維持作用とが互いに汚染し合うこと、これは卑劣なことだ。これが警察の卑劣さ（das Schmachvolle）である。そのさまざまな手法において卑劣である以前に、また警察暴力が何ははばかることなくいそしむ筆舌に尽くしがたいほどの糾問において卑劣である以前に、近代警察は、その構造そのものが嫌悪をかきたてるようなものであるし、また偽善的であることをその構成要素にしているために、その本質からしてけがらわしいものである。限界がないという性格を近代警察に備えさせるのは、監視と取り締まりのためのテクノロジーばかりではない。このようなテクノロジーは、すでに一九二一年には人に不安を抱かせるほどに発達しており、公私にわたる生活の全体と重なり合い、それにとり憑くまでになっていた（今日のこのテクノロジーの発達についてわれわれは何と言えばよいのだろうか）。この性格を近代警察に備えさせるものはまた、次のような事実である。すなわち、警察とは国家であるという事実、つまり警察とは国家の亡霊であり、情け容赦のない攻撃を警察にしかけることができるためには、公共のもの《レス・プブリカ》／国家の秩序に宣戦布告をするのでなければならないという事実である。なぜなら警察は今日では、掟（法律）を力によって適用する（執行する／力あらしめる（enforce））だけでは、したがって掟（法律）を維持するだけではもはや事足りないからである。すなわち、警察は掟（法律）を発明するのだ。警察はもろもろの行政命令を公布する。警察は、法的状況がはっきりしないときにはいつでも介入し、安全を保障しようとする。法的状況がはっきりしないときとはつまり、今日ではほとんどいつでもということである。警察は、掟（法律）の力である。警察は、掟（法律）の力をもつ。警察が卑劣であるのは、その権威のもとで、「法／権利を基礎づける暴力と法／権利を維持する暴力との分離が宙吊りにされる（ないしは止揚される（aufgehoben））[23]」からである。この止揚（Aufhebung）という、警察そのものが意味するところのもののなかで、警察は法／権利を発明する。つまり警察は、自分を《rechtsetzende》なもの、つまり立法をなすものへと仕立てる。警察は、法／権利に未確定な部分があるためにその可能性ありと見るや必ず、それを勝手にわがものにする。たとえ警察が掟（法律）を発布するのではなくとも、警察は現代における立法者の一つとして——現代の立法者たるものとして、とは言わないまでも——行動する。警察が存在するところでは、すなわちどんなところでも、そしてまさしくここでも、二つの暴力、すなわち法／権利を維持する暴力と法／権利を基礎づける暴力との見分けをつけることがもはやできない。そしてこの両義的であることが卑劣であり、さげすむべきものであり、人を憤らせるのである。近代警察が可能であるということ——この可能であるとはつまり、避けることができないほどに必然的であるということでもある——が、二種類の暴力の区別を廃墟にする。廃墟にするとは要するに、言ってみれば脱構築するということである。にもかかわらず、この区別があってこそ、ベンヤミンが暴力に対する新たな批判と呼ぶ言説の構造が成り立つのである。

この言説を彼はあるときには基礎づけ、またあるときには維持したいと思うであろうが、基礎づけるときにはそれだけを、維持するときにはそれだけをやろうとすると、そのどちらもできない。せいぜい彼にできるのは、亡霊じみた出来事だと認めて、それに署名することぐらいである。テクストと署名は亡霊である。そしてベンヤミンはそれを知っている。だからこそ、テクスト『暴力批判論』という出来事は、次のような奇妙な外部＝定立／脱＝定立（ex-position）からなるのである。すなわち一つの論証が、自分自身の提出するさまざまな区別を、あなたがたの目の前で廃墟にしてみせるのである。それは、自分が内向きの爆発を起こす運動そのものを展示し、かつ記録として保存する。すなわちそれは、自分のあった場所に、テクストと呼ばれるものを、つまりテクストという幽霊を残すのである。テクストとは、それそのものが廃墟の状態にあり、基礎づけ作用であると同時に維持作用でもありながら、そのどちらも完全にやり遂げることがない。そしてそれはその場所に、一定の段階に達するまで、一定の期間、読めるものとしてかつ読めないものとしてとどまり、範例としての廃墟として、それのもつ次のような作用を果たす。すなわち、あらゆるテクストや署名が、法／権利と関係づけられることによってもつ運命について、特異な仕方でわれわれに警告する、という作用である。法／権利に関係づけられるとは、つまり——残念だが——一定の警察力に関係づけられるということにならざるをえない。だから、ついでに言っておくと、これこそが、脱構築的と言われるテクストの、そしてそれが後に残すものの、身分規定なき身分だということになるだろう。このテクストは、自分が言明する掟から逃れられない。それは自分を廃墟にし、自分を汚染していく。それは自分自身の亡霊になる。しかし、この署名の廃墟については、言っておかねばならないことがまだある。

二種類の暴力の間の区別の厳密さを脅かすものがある。それをベンヤミンは語らない。つまりそれを考慮の外に置くか、見くびるかしているのだ。それは結局は何かというと、反復可能性のパラドクスである。反復可能性は次のように要求する。すなわち根源は、根源に由来するというかたちで自分を繰り返さねばならない。そして自分を変質させて、根源としての価値をもたねばならない、すなわち根源は自分を維持せねばならない。直ちに警察のようなものが存在し、そして警察たるものは立法する。警察は、自分より以前の段階では力なきものであるはずの掟（法律）を適用するだけで事足りるわけではない。この反復可能性によって、基礎づけ作用の本質をなす構造のなかに、維持の作用が書き込まれる。この掟または一般性のある必然性を、近代的な現象とだけ見てしまってはならないことは確かである。それはア・プリオリに妥当する。次の点には納得したとしても、なお今述べたように考えるべきだ。すなわち、ベンヤミンがこれについて与えるさまざまな事例は、その特性において近代的なものばかりであり、また彼がはっきりと批判の対象にしているのは「近代国家」の警察である、という点である。反復可能性は、次のようなものが存在する可能性を容赦なく奪う――すなわち、純然たる偉大な創始者・先導者・立法者たち（すなわち「偉大な」詩人・思想家・政治家たち。この言葉をハイデガーは一九三五年になって使うことになるが、私はそのときの意味そのままで使っている。そして彼がこの言葉を使うもとになっているのは、これらの創始者が宿命として犠牲になることに関する、ベンヤミンのものと似たような図式である）。

廃墟とは、否定的な一事物ではない。それどころか、何よりもまず、それが一事物でないことは明らかである。われわれは、たぶんベンヤミンと同じ調子のものになるように、またはたぶんベンヤミンの意志にそうものになるように、廃墟なるものへの愛について短い論文を書くことができるだろうし、またたぶんベンヤミンの意志に反するものになるようにそれを書くこともできるだろう。さらに言えば、それ以外にわれわれが愛することのできるものがあるだろうか。われわれがあるモニュメントや建造物や制度そのものを愛することができるのは、そのもろさを経験するという、それ自体がかりそめの事態によってのみである。こうしたものはこれまでずっとそこにあったのではないし、これからずっとそこにあるわけでもない。それは有限である。そしてまさしく今言った理由で、われわれはそれを死すべきものとして愛する。その誕生と死とを透かして見ることによって、それを愛する。その廃墟に宿る幽霊またはその廃墟から浮き出すシルエットを透かして見ることによって、それを愛する。それの廃墟とはつまり、私の廃墟である――つまりそれの廃墟はすでに、現に私の廃墟であり、またはすでにその姿を前もって描き出している。この有限性のもとで愛する以外に、愛するすべがあろうか。愛することの権利、そればかりか法／権利への愛までもがでてくるところは、ここをおいてほかにあろうか。

事物そのものへ立ち戻ることにしよう。これはすなわち、幽霊のもとに立ち戻ることである。なぜならこのテクストは、幽霊たちが織りなす一つの物語を語るものであるからだ。われわれは、幽霊や廃墟を避けて通ることはできない。それはちょうど、われわれが、テクスト本来のこの出来事はレトリックの技法から見てどんな身分をもつのかという問いを回避することができないのと同じことである。この出来事は、自分の説明（exposition）のために、つまり自分の内部爆発またはは内向きの爆発のために、いかなる形象に訴えるのだろうか。法／権利の暴力に関して範例をなす形象は、そのすべてが特異な換喩である。特異な換喩とはつまり、境界のない形象、歯止めなく移し替えることのできる可能性、そして形象のない形象である。警察という範例を取り上げてみよう。それは、一つの幽霊じみた暴力の指標である。なぜならそれは、維持作用のうえに基礎づけ作用を混ぜ合わせ、これによりますます暴力的になるからである。さて、このようにして暴力を資本に組み入れる警察は、ただ警察としてあるだけではない。それを成り立たしめるものは、制服姿の複数の警官――ときにはヘルメットをかぶり、武装し、そして軍隊をモデルにした一つの市民的機構（ストライキ権は認められない）のかたちで組織されている、等々――だけではない。定義によって、警察というものは、掟（法律）の力があるところには必ず現にそこにあり、あるいは再現前させられる。警察は、社会秩序を維持する作用があるところには必ず現にそこにある――目には見えないこともあるが、しかし常にその効力を及ぼしている。警察は、警察としてある（しかも今日では、かつて以上に警察らしくまたは警察らしくなくある）だけではない。警察はそこにある。それは、都市《ポリス》の現存在（Dasein）と同一の広がりをもつ一つの現存在のとる、形象のない形象である。

ベンヤミンはそれを彼なりに認識してはいるものの、しかしそうする彼の身ぶりは二重である。しかも私が思うに、その身ぶりは、よく考えたうえで行ったものではない。少なくとも、それをテーマにしたうえで行ったものではない。彼は決してあきらめることなく、一対をなす諸概念のなかに、それらを絶えず踏み越えていき、それらからあふれ出すもの自体を収めたうえで、改めてそのさまざまな特徴を示していく。そのうえで彼は次のように認める。警察の問題点は、それが形象なき形象、定まったかたちをもたない（gestaltlos）暴力であるというところにある、と。警察は、それ自体としては、どこにも捉えどころがない（nirgends fassbare）。いわゆる文明諸国には、この警察という亡霊が、幽霊のように現れては、あらゆるところに自分を広めていく(24)。それでもやはり、警察が換喩を使って自分を転換させているときでさえも、つまりこの捉えることのできない無定型な形象が自分を亡霊たらしめているときでさえも、そして警察がいたるところで、すなわち社会のなかで、とり憑きの作用のもとになる要素そのもの、亡霊が宿るのに適した環境になっているときでさえも、なおかつベンヤミンとしては次のように願うことだろう。すなわち、文明諸国に固有の、規定可能な形象をそれにとどめさせておきたい、と。彼は、警察について固有の意味で語っているときには、自分が語っている当のものを知っていると主張する。だから彼としては、それに由来する現象を規定したいと思っているのであろう。彼が文明国家を引き合いに出すとき、彼が語っているのは近代国家の警察のことなのか、それとも国家一般の警察のことなのかを見分けるのはむずかしい。私は次の二つの理由から、どちらかというと最初の仮説の方がよいのではないかと思う。

(1)　彼が選び出すのは、暴力をめぐるさまざまな近代的事例である。例えばゼネストの事例や、死刑問題の事例である。もっと前にさかのぼってみると、彼が話しているのは、さまざまな文明国家のことだけではない。それは、別の一つの「近代国家的制度」である警察の話でもあるのである。近代の警察、すなわち近代の政治的＝技術的なもろもろの状況のなかにある警察こそが、掟（法律）を執行するだけのものだとみなされているにもかかわらず、その当の掟（法律）を産出する当事者であらざるをえないのである。

(2) まるで幽霊のような警察の身体は、どんなに侵入を繰り返しては自分をはびこらせようとも、常に自己同一性を保つということをベンヤミンは認める。けれどもその一方で彼は、次の事実を受け入れる。すなわちそれの精神（Geist）、つまり警察の精神は、絶対君主制のもとでよりも、むしろ近代のさまざまな民主主義のもとで、すなわち警察暴力の退化した近代民主主義のもとで災いを及ぼす。それは、われわれが今日そう考えたくなるであろうような単に次の理由によるのだろうか。すなわち、伝達やその監視と傍受のためのさまざまな近代的テクノロジーが、警察にある種の絶対的遍在性を備えさせ、公共的空間も私的空間も警察で満ちあふれさせ、政治的なものと警察的なものとが広がりにおいて重なる部分を極限にまで広げるからだろうか。民主主義というものが、市民を警察暴力から守ることができるためには、政治と警察とが広がりを同じくするということの論理の一端を担う以外には手だてがないからだろうか。この論理の一端を担うとはつまり、公共問題の本質は警察的なものだということを確認することである（すなわち公共問題の本質は、もろもろの警察を警察するということ、「情報処理と自由」型の体制づくり、私生活の秘密保護のためのさまざまな技術を国家が独占すること、にある。これは次のことからもわかる。すなわち、今日これらの提案をアメリカ市民に対してなすのは、連邦政府と連邦政府警察である。それと引き換えに連邦政府警察は、必要な「チップ」を産出するであろうし、国家の安全上、私的なやり取りの傍受が必要になるその時について決断を下すであろう。私的やり取りの傍受とは例えば、隠しマイクの設置、指向性マイクの使用、コンピューター・ネットワークへの侵入、あるいは単純素朴に、われわれの時代にはとても盛んだった手法である古きよき「電話盗聴」などである）。まさしくこの矛盾のことをベンヤミンは考えたのだろうか。民主主義的原理が、次のようにしてその内部で退廃していくということを考えたのだろうか。すなわち民主主義的原理のこの内部的退廃は、警察権力の原理が民主主義的原理を不可避的に腐敗させるところから起こる。警察権力というものは、原理的には民主主義的原理を守らねばならない運命にありながら、技術的な自律を遂げる過程で制御不能なものになるという本質をもつのだ。

少しの間、この地点に足を止めよう。私は、次の二つの語を意味的に接近させて読解しようと試みている。すなわちそれは、gespenstische、すなわち亡霊的または幽霊的という語と、Geist、つまり精神《エスプリ》――幽霊じみた分身という意味でもある――という語である。しかし、ベンヤミンもそれを意識して書いていたのかどうかは定かではない。しかし、このような類比的関係がないと否定することは、ほとんど不可能であるように思われる。たとえベンヤミンはこの関係をはっきり意識していたわけではないにせよ、やはりそうだ。警察が人に幻覚を起こさせ、そして亡霊じみたものになるのは、それがあらゆるものにとり憑くからである。警察はあらゆるところで、たとえそれが現に存在しないところでさえ、その不在的＝現存在（Fort-Dasein）として存在する。そしてわれわれが常に呼び出しては頼みとすることができるのは、この警察の不在的＝現存在である。警察が現にそこにあることとは、現にそこにあるのではない。そもそも現にそこにあることの一切が、現にそこにあるのではない。これは、ハイデガーがわれわれに想起させることである。警察の亡霊的分身の現にそこにあることには、尽きるということがない。そして次のような考え方をとることは、『暴力批判論』の論理とうまく合う。すなわち、法／権利の暴力とかかわりのある一切のものは――なお今の場合、法／権利とはまさしく警察そのものである――、自然のものではなくて、精神的《スピリチュエル》／霊的なものである、と。一つのエスプリが存在する。このエスプリとは、亡霊の意味であると同時に、次のような生命の意味である。すなわち、まさしく死を通して、つまり死刑の可能性によって自分を高め、自然的ないし「生物学的」生命を越えた高みにまでいたる生命、という意味である。警察がその証しを立てる。ここで私は、エスプリの顕現に関する一つの「テーゼ」を援用したい。この「テーゼ」の定義を与えているのは、『ドイツ悲劇の根源』（一九二八年）である。そのテーゼいわく――精神／霊《エスプリ》が外部に向かって自分を示すときには、権力の形式をとる。この権力のもつ能力（Vermögen）が、自己規定しながら顕在化するとき、それは独裁（dictature）を行使しうる能力（faculté）になる。精神／霊とは独裁である。この逆も正しい。すなわち、独裁とは、暴力（Gewalt）としての権力の本質をなすものであるが、その本質は精神的／霊的なものである。このような主張をなす基礎となっている精神主義／心霊主義《スピリチュアリスム》と相通じるものがある。それが、創出的決断に対して権威（正統なものにされた権威、または正統なものにする権威）を授けたり、権力としての暴力（Gewalt）を許したりするものである。すなわち創出的決断は、定義によって、既存の掟の面前で自己の至高性が正義にかなうことを証明する必要がないので、何らかの「神秘的教義」にのみ訴える。また創出的決断が自分の何たるかを言明しうる形式は、命令、口述（dicts）、指示としての口授（dictées）、独裁的な（dictatoriaux）行為遂行性のみである。

「精神／霊（Geist）は――これがこの時代のテーゼである――権力のかたちで自分を顕現させる（weist sich aus in Macht）。精神／霊とは、独裁を行使しうる能力である（Geist ist das Vermögen, Diktatur auszuüben）。この能力は、内に対して厳しい規律を要求するばかりでなく、外に対しては、はばかるところのない行動（skrupelloseste Aktion）を求める」[25]。

この警察の精神／霊、この精神／霊としての警察暴力が、民主主義のもとでもそれ自身として存在しながら民主主義のなかに包含される、ということはない。それは民主主義のもとで退廃する。それが近代民主主義のもとで証し立てるものは、暴力の考えられる限りで最大の退廃である(die denkbar grösste Entartung der Gewalt bezeugt)[26]。暴力の退廃とはつまり、権威の原理の退廃であり、権力の退廃である。民主主義的権力（pouvoir）の退廃（そして pouvoir という語は、Gewalt、つまり力、または力のもつ権威の内在させる暴力、を翻訳するのに最も適したものであることも多いであろう）につけるべき名は、警察しかないであろう。それはなぜか。絶対君主制においては、立法権力と執行権力とは一つに結ばれていた。したがってそこでは、権威による暴力または権力による暴力が正常な状態である。このような暴力は、絶対君主制の本質・理念・精神に合致する。これとは逆に民主主義のもとでは、暴力はもはや警察の精神にふさわしいものとは認められない。もろもろの権力が分立していると推定されているために、暴力が行使されるとは、正統でない仕方がとられていることである。とりわけ警察が、掟（法律）を執行するのではなく、掟（法律）をつくるときにはそうだ。ベンヤミンがここで少なくとも指摘しているのは、次のような分析原理である。すなわち、産業民主主義と、そこでの高度コンピューターテクノロジーを備えた軍事＝産業複合体とのもとにある警察の現実を分析するための原理である。絶対君主制のもとでの警察暴力がどれほど恐ろしいものであろうと、それは自分の現にあるすがたを示すし、その精神のもとで自分があるべきすがたを示す。これに対して民主主義下の警察暴力は、自分自身の原理を否定する。すなわち、それはこっそりと、人知れずに立法するのである。

そこからでてくる帰結またはそれが含意するものは、二重である。

(1) 民主主義とは法／権利の退廃であるということになろう。すなわち、法／権利の暴力の退廃であり、法／権利の権威や権力の退廃であるだろう。

(2) 民主主義の名に値するような民主主義はいまだにない。民主主義とはこれからやって来なければならないものである。すなわち、これから生み出すかまたは生まれ変わらせるかしなければならないものである。

ベンヤミンの言説は、ここで自由主義的民主主義下の議会主義に対する批判へと展開するのだが、以上のことから見て彼の言説は、革命的であり、さらにはマルクス主義へと導くものでさえある。ただしこの場合、「革命的」という語は二つの意味をもつ。すなわちそれは、反動的な意味をも含んでいるのだ。その意味とはつまり、より純粋な起源をもった過去へと回帰することである。この語の両義性は、時代を象徴するだけの典型性を十分に備えている。実際それは、右翼や左翼による数多くの革命的な言説を、とりわけ二つの大戦の合間にはぐくんだのである。「退廃」(Entartung)に対する批判とは、ある種の議会主義に対する批判である。すなわちその議会主義は、警察暴力をコントロールするだけの力がなく、警察暴力に取って代わられているというのである。この「退廃」批判とはまさしく、「歴史の哲学」を基礎にした暴力批判である。すなわちそれは、始原＝目的論的パースペクティヴ、さらには始原＝終末論的パースペクティヴのもとに置くことである。このパースペクティヴをとることによって法／権利の歴史は、起源以降衰退していく過程（Verfall）として解読される。シュミットの図式やハイデガーの図式との類似性を強調してみせる必要はない。この三角関係を例証するのは、これら三人の思想家をつないでいた文通関係／応答関係（correspondance）――私が言いたいのは、書簡による応答関係のことだ――であろう（シュミット／ベンヤミン、ハイデガー／シュミット）。問題になるのは常に、精神と革命である。

根本的な問いを言い表すと、次のようになるだろう。すなわち、自由主義的で議会主義的な民主主義は今日どうなっているのか。あらゆる暴力は、手段である限り、法／権利を基礎づけるかまたは維持する。そうでないと、暴力には何の価値もなくなるであろう。法／権利に関する問題系は、さまざまな手段のもつこうした暴力なしにはありえない。この権力原理なしにはありえない。ここから次のような帰結がでてくる。すなわち、法的協定（Rechtsvertrag）の一切は、暴力がもとになって基礎づけられる、と。暴力を起源（Ursprung）にすると同時に結末（Ausgang）にもするのでないような協定などはない。省略した言い回しによって一瞬ベンヤミンがほのめかしてみせることが、多くの場合にそうであるように、ここでも決定的であるように思える。すなわち、法／権利の基礎づけまたは定立である限りで、法／権利を創出する（rechtsetzende）暴力は、「協定のなかでも直接に現前する《プレザント》」必要はない[27]。しかし、直接に協定のなかで現前することはないけれども、それは、ある代理人による代補の作用によって取って代わられる（vertreten）、すなわち代理される／再現前させられる《ルプレザンテ》ことになる。根源的な暴力の忘却は、この差延の作用のなかで産出され、その作用のなかに宿り、そしてその作用のなかで自分を広めていく。この差延の作用とはつまり、現前に取って代わる運動である（現前とはつまり、そのさまざまな特徴や精神からみて暴力だと確認しうる暴力が、直接に現前することである）。それは、差延の作用によって代理すること／再現前させることである。意識の喪失は偶然に起こるのではない。それに続く記憶喪失もまた然りである。それは、現前から、代理作用／再現前化への移行そのものである。このような移行は、没落の行程、制度の退廃の行程、すなわちそれらに含まれる衰退過程（Verfall）を形成する。ベンヤミンがその直前に語っていたのは、根源的な暴力の退廃（Entartung）についてであった。例えば、絶対君主制下の警察暴力が、近代民主主義のもとで腐敗するという、警察暴力の退廃についてである。次の文章で彼は、見世物となった議会において革命が衰退していくこと（Verfall）を嘆く。「法／権利に関する制度のなかには、このように暴力が潜在的に現前するという意識が失われれば、そのときその制度は破滅へと向かう[28]」。この問題に関して彼が選んだ最初の事例が、当時のさまざまな議会の事例である。これらが嘆かわしい見世物になるのは、議会というこの代理する制度の数々が、それらを誕生させた革命的暴力を忘却するからである。特にドイツについて言うと、それらが忘却しているのは、流産に終わった一九一九年の革命である。それらは、法／権利を基礎づける暴力という、議会において代理されている当のものについての感覚を失っている（《Ihnen fehlt der Sinn für die rechtsetzende Gewalt, die in ihnen repräsentiert ist》[29]。これらのもろもろの議会は、それらを誕生させた暴力を忘却することによってその生命を維持する。この記憶喪失による否認は、心理的な弱さを暴露するものではない。それは、これらの議会の地位のなかに、さらにはそれらの構造のなかにまでも書き込まれているのである。そのためこれらの議会は、この権力本来の暴力にふさわしい、それと通約しうるかまたはそれと釣り合うもろもろの決断にたどり着こうとはしないで、偽善的な妥協政治を実行する。妥協の概念、すなわち公然たる暴力を否認すること、偽り隠された暴力を頼みとすることは、暴力的精神、「暴力的な心のあり方」(Mentalität der Gewalt) を出自とする。この「暴力的な心のあり方」は、敵方による強制を受け入れるようにしむける。それは最悪の事態を避けるためにそうするのだが、それと同時にそれは自分に次のように言い聞かせる（このとき議員はため息をつく）――確かにこれは理想とは違う。それにたぶん、別のやり方をすればもっとよくなっていたかもしれない。けれども、本当にほかにやりようがなかったのだ、と。

　したがって議会主義には、権威的暴力と、理想放棄とが横行している。議会主義は、さまざまな政治紛争を弁舌や討論や審議という非暴力的な手段によって、要するに自由主義的民主主義を実行に移すことによって解決することに失敗する。「議会の没落」(der Verfall der Parlamente) に直面してベンヤミンは、次のように思う。すなわち、ボルシェヴィストやサンディカリストのなす批判は、全体として見れば的を射た (treffende) ものであると同時に、根本から破壊せんとする (vernichtende) ものである、と。

われわれが今度導入しなければならない区別を考察すると、またもやベンヤミンとカール・シュミットのある側面とが近しい関係にあることがわかる。そしてこの区別によって少なくとも、この二つの思想のいずれもが書き込まれていた歴史的な状況配置《コンフィギュラシオン》は何だったのかについてより正確な意味をつかむことができる(この状況配置を構成していたのは、敗戦によってドイツが支払わねばならなかった過重な賠償金、ワイマール共和国、新たにできた議会主義の危機と無力、平和主義の挫折、一〇月革命の直後、マスメディアと議会主義との競合、国際法に与えられた新たな前提条件、等々である)。しかし、このようなさまざまな事情の結合《コンジョンクチュール》した状況とこれらの思想との間にあることは間違いないつながりがどんなに緊密であろうとも、それらの言説やそれらの出すサインによって知らされるさまざまな徴候(そしてこれらの言説は、徴候のサインであると同時に、徴候そのものでもある)が射程におさめる範囲は、それで尽きるわけではない。それどころかその反対である。今日の状況に合わせてさまざまな点で慎重な移し替えを行うことにより、それらを読むことは今日ますます必要であり、かつ実り多いことがわかるであろう。それらが持ち出すさまざまな特権的事例の内容はいくらか古くなっているにせよ、それらが用いる論証のためのもろもろの図式は、これまで以上に今日こそ、関心を向け、議論するに値するものだと思われる。

われわれがたった今見て取ったばかりのことを要約すると、次のようになる。すなわち、法／権利は、その起源においても目的においても、またそれを基礎づける作用においても維持する作用においても、暴力と手を切ることができない。すなわち、直接的な暴力や媒介された暴力と、あるいは現前する暴力や代理された／再現前させられた暴力と手を切ることができない。これによって一切の非暴力が、もろもろの紛争をなくしてしまうための手段としては考慮の外に置かれることになるのだろうか。非暴力について、このような結論を下していともたやすくかたづけてしまいたくなるかもしれない。しかし決してそうはならない。けれども非暴力の思想は、公法の秩序を越えたところにまで進まねばならない。ベンヤミンは、数々の非暴力的な関係が、私的人格どうしの間にあると信じている。暴力に頼ることのない結合（gewaltlose Einigung）は、次のようなところならどこにでも可能である。すなわち、こころの文化（die Kultur des Herzens）が人間に、合意（Übereinkunft）にいたるためのさまざまな純粋な手段を与えるところである。(30) これは次のような意味であろうか。すなわち、非暴力的なある領域を守るためには、私的なものと公的なものという今言った対立関係を越えて進んではならない、と。事はそれほど単純だと思ったら、それは大きな間違いである。それとは別のさまざまな概念的区分が、まさしく政治的なものの領分のなかで、暴力の非暴力に対する関係の仕方を定めるであろう。それが例えば、ソレルまたはマルクス以来の伝統においては、政治的ゼネストとプロレタリア・ゼネストとの区別だということになるだろう。政治的ゼネストとは、暴力的なゼネストである。なぜならそれは、今ある国家を別の国家に置き換えたいと思うからである（例えばドイツにおいて、稲妻のように突然一瞬だけ現れたばかりのゼネストがこれにあたる）。プロレタリア・ゼネストとは、国家を強くすることに代えて、国家を撤廃することをめざす――同様に、ソレル言うところの「社会学者、社会改良の愛好家である上流社会の人々、プロレタリアートに代わって考えるという職業についている知識人」をなくしてしまうことをめざす――革命である。

　別のある区別の方がこれよりもずっと根本的であり、また暴力という手段そのものに対する批判により近いように思われる。その区別はまさしくこのもろもろの手段の次元と、顕現すること（manifestation）の次元とを対立関係に置く。確かにそれは今一度、言語活動による暴力を問題にする。けれどもそれはまた、ある一定の言語活動によって非暴力が出現することについても取り上げている。言語活動の本質は、さまざまな記号、すなわち伝達の手段としてみなされるもの、にあるのだろうか。それとも顕現、すなわちさまざまな記号を介した伝達つまり手段／目的構造にはもはや属していないかまたは未だ属していないもの、にあるのだろうか。

ベンヤミンは次のことを証明するつもりである。すなわち、もろもろの紛争を非暴力的な仕方で取り除くことは、私的世界において、すなわち私的世界においてこころの文化、つまりこころを込めて礼を尽くすこと、共感、平和の愛好、信頼、友愛が支配するときに可能である、と。このときにわれわれが足を踏み入れる領域においては、手段＝目的関係が宙吊りにされてしまうために、われわれはいわばさまざまな純粋な手段とかかわることになる。そして純粋な手段とはつまり、暴力を排除する手段ということである。このとき人間どうしのさまざまな紛争は、現実／もろもろの事物（Sachen）を経由して起こる。そしてまさしくこの最も「現実主義的」ないしは最も「即物的」な関係のなかでのみ、もろもろの純粋な手段の領域が開かれる。この純粋な手段の領域とはつまり、何よりも「技術」の領域のことである。技術はそれの「最も固有の領域」である。技術としての資格において、すなわち市民の合意の技術という資格において、対話つまり話し合い（Unterredung）は、この「最も固有の領域」の「最も根本のところにある例」であるだろう。(31)

暴力がこの私的ないし固有の領分（eigentliche Sphäre）から排除されていると、何をもって認めればよいだろうか。ベンヤミンの応答は、人を驚かせるに足るものである。この非暴力の可能性を証明するのは、そこでは嘘も詐欺（Betrug）も処罰されないという事実である。ローマ法や古代ゲルマン法は、それらに制裁を加えることがなかった。これは少なくとも次のことの確証にはなる。すなわち、私的生活における何ものか、または個人的《ペルソネル》な意図のなかの何ものかには、権力の空間、法／権利の空間、権威主義暴力の空間が及んでいないのだ。嘘とはこの場合には、政治的＝法的＝警察的監督権の及ばないものの例である。そうだとすると、嘘を犯罪とみなすことは、衰退のしるしである。すなわち、次のような場合には、ある種の失墜が進行している（Verfalls-prozess）ことになる。それはすなわち、国家権力がもろもろの言説の真実性をコントロールせんとして、私的なものの固有の領分と公共的事物の領野との間のもろもろの境界線を無視するまでになる場合である。近代の法／権利は、自分自身への信頼を失っている。それが詐欺を断罪するのは、もろもろの道徳的理由からではない。詐欺に誘発されて犠牲者の方がふるうかもしれないさまざまな暴力をそれが恐れているからである。犠牲者が仕返しとして、法／権利の秩序を脅かすかもしれないのだ。これは、ストライキ権授与の場合に働くのと同じメカニズムである。いつもきまってでてくるのは、最悪の暴力を別のある暴力によって一定限度内に食い止めるという考え方である。ベンヤミンが夢に描いているように思われるものは、非暴力による一つの秩序である。すなわちこの秩序は、法／権利の秩序の手から──したがって嘘を処罰せんとする法／権利の手から──私的な関係をことごとく守ってやるばかりではなく、公的な関係でさえもそのなかのあるものはその手から守ろうとするであろう。例えばソレルが語るようなプロレタリア・ゼネスト、つまり改めて基礎づけを行ってある国家や新たな法／権利を立てようとするのでないゼネストにおいて見られるような公的関係である。さらには外交的な関係でさえも、そのなかのあるものはその手から守ろうとする。すなわちそれは、私的な諸関係に類似した仕方で、特定の大使が平和的にかつ条約に頼らずにさまざまな紛争を解決するような外交関係である。仲裁はこの場合には非暴力的である。なぜならそれは、「法／権利の秩序を一切越えたところに、したがって暴力を越えたところに(32)」身を置くからである。この非暴力は、ある点をとると、純然たる暴力と似たところがないとはいえないのだが、それがどの点かはこの後すぐに検討する。

ベンヤミンはここで一つの類比を提案する。それは、しばらくそこに足を止めてよく考えてみるにふさわしいものだ。その理由として特に挙げたいのが、その類比をもとにして運命という謎に満ちた概念が導入されるという点である。運命に結びついた一つの暴力（schicksalsmässige Gewalt）が、正当な（berechtigte）さまざまな手段を用いることによって、正義にかなう（gerechten）もろもろの目的と解決不可能な衝突を引き起こすことになるとすると、どういうことになるだろうか。しかもその衝突が、これらの目的との関係では正当化された手段とも正当化されない手段ともいえないようなある別の種類の暴力を考案せねばならないようなものであるとすると、どういうことになるだろうか。正当化された手段とも正当化されない手段とも決断しえないがゆえにそのどちらでもないとすると、それはもはや手段でさえなく、これまでとは全く別の関係を手段／目的という対概念と取り結ぶことになるだろう。ここでわれわれは、これまでとはまったく別の暴力にかかわることになるだろう。この暴力は、手段／目的という対立関係によって開かれる空間のなかで規定されるがままになることはもはやないであろう。この問いは、次のような理由から、ますます重大なものになる。すなわちそれは、ベンヤミンがここまで構築してきた、暴力と法／権利に関する最初の問題系を越えるか、またはずらすのである。この問題系はその全体が、手段の概念の命令の下にあった。ここで次のことがわかる。すなわち、法／権利の問題が、手段／目的という用語で定立されることによって、決断不可能なままになるようなケースがいくつかあるのだ。この究極的な決断不可能性は、法／権利に関するすべての問題の決断不可能性（Unentscheidbarkeit aller Rechtsprobleme）である。そしてそれは、特異で意気阻喪させるようなある経験の投げかける光である。この避けることのできない決断不可能性を認めたとすると、次はどこに進めばよいのだろうか。

このような問いはまず最初に、ある別の次元の言語活動へと通じている。別の次元とはつまり、媒介作用のかなたということであり、したがって記号としての言語活動のかなたということである。ここでは記号を媒介するものの意味で、すなわちある目的のための手段として理解する――ベンヤミンも常にそう理解していた。はじめのうちは、この問いには出口がなく、したがって希望がないように見える。けれども袋小路の行き止まりまで来るとき、この絶望（Aussichtslosigkeit）は、思考上のさまざまな決断を呼び覚ます。これらの決断がかかわりをもつのは、言語活動を真理との関係で捉えたときの言語活動の起源をおいてほかにはない。この起源とはつまり、運命的な暴力（schicksalhafte Gewalt）のことである。この暴力は、理性よりも高いところに身を置き、次にはこの暴力そのもの、すなわち神よりも高いところに身を置く。すなわちそれは、もう一つの、これまでのものとはまったく別の「権威の神秘的基礎」である。

なるほどそれは、モンテーニュやパスカルの言うような「権威の神秘的基礎」ではない。けれども、この隔たりをあまり当てにすべきではないであろう。今述べたところへといわば通じているものが、法／権利からくる絶望である。法／権利の袋小路は、今述べたところへと導いてくれるのである。

「法／権利に関するすべての問題の決断不可能性（Unentscheidbarkeit）」と、類比的関係にあると思われるのが、生まれかけの言語において（in werdenden Sprachen）起こることである。すなわちそのような言語のもとでは、明確で、説得的で、規定をなす決断（Entscheidung）を下して、正当なものと誤ったもの、正確なものと不正確なもの（richtig/falsch）[33]とを区別することは不可能である。これはというと、事のついでに出された類比でしかない。けれども、言語活動を扱ったベンヤミンのほかのもろもろのテクストをもとにしてこの類比を発展させることができるであろう。なかでも注目すべきなのが、「翻訳者の使命（La tâche du traducteur）」（一九二三年）、そして、特に一九一六年の有名なエッセー（だから『暴力批判論』の五年前にあたる。「言語一般および人間の言語について（Sur le langage en général et sur le langage humain）」がそれである）である。二つのテクストがいずれも問い直しているのは、根源において伝達的であるというのが言語活動の本質だという考え方である。伝達的とはつまり、記号学的、情報供給的、表象的／代理的、協約的、したがって媒介的／メディア的（médiatrice）ということである。言語活動とは、ある目的（事物であれ、意味される内容であれ、さらには名宛人であれ）のための手段ではない。すなわちそれは、ある目的に正確に自分を一致させねばならないようなものではない。この記号批判は、当時は政治的なものでもあった。すなわち、言語活動を手段として、そして記号として考えることは、「ブルジョワ的」であるだろう。一九一六年のテクストは原罪を次のように定義する。すなわちそれは、言語活動が、媒介して伝達するという言語活動へと堕落し、この堕落によって手段と化した言葉がお喋り（Geschwätz）へと駆り立てることである。天地創造の後、善悪に関する問いは、このお喋りのタネになった。認識の木が実在したのは、善悪に関する知識を与えるためではない。それは、問う者にもたらされる裁き（Gericht）を徴候的に知らせるしるし（Wahrzeichen）として実在したのだ。そこからベンヤミンは次のような結論を下す。「この途方もない皮肉は、法／権利の神話的起源を見て取らせてくれる目印である[34]」。

したがって、このただの類比にすぎないものを越えてベンヤミンがここで考えようとしているのは、次のようなある種の合目的性――つまりもろもろの目的の正義――である。すなわちそれは、法／権利の可能性にはもはや結びつかない合目的性、少なくとも普遍化することが可能だと常にみなされるものにはもはや結びつかない合目的性である。法／権利のもつ普遍化するという作用が、法／権利の可能性そのものである。この普遍化するということは、分析からでてくるものとして、正義（Gerechtigkeit）の概念のなかに書き込まれる。けれども、このとき理解されていないことがある。それは、この普遍的であるということが、神そのものと矛盾するということである。神とはつまり、もろもろの手段の正当性《レジティミテ》について、またもろもろの目的の正義について、理性を越えたところから、さらには運命的な暴力さえ越えたところから決断する者のことである。このように突然に神への言及がなされ、しかもこの神とは、理性や普遍性を越えたところにある神、すなわち法／権利による一種の啓蒙（Aufklärung）を越えたところにある神だとされる。この神への突然の言及は、私が思うに、それぞれの状況のもつ、ほかのものへは帰着させることができない特異性への言及にほかならない。そしてこの向こうみずな思考――それは危険きわまりないものであるけれども、まさにそれと同じだけ必要に迫られているものだ――が扱うものをわれわれはここで、法／権利のない一種の正義、法／権利を越えたところにある一つの正義と呼んでもよいであろう（これはベンヤミンの表現ではない）。この向こうみずな思考は、まさしく個人の唯一性にも当てはまるし、民族や言語にも、要するに歴史にも当てはまる。

この「暴力の媒介的でない機能[35]」や権威一般のそのような機能を理解させるために、ベンヤミンはまたもや日常的な言語活動の事例を取り上げ、まるでそれが一つの類比でしかないように取り扱う。ところが実際にわれわれがそのなかに見出すのは、私が思うに、決断の本当の原動力であり、また決断の場所そのものである。ベンヤミンがここで、怒りの経験について、すなわち顕現という直接的で、手段と目的との相関関係とは一切無縁だとみなされるものを事例にして語るのは、偶然であろうか。またそれは、このような神の形象とは無関係なのだろうか。彼が怒りの事例を取り上げて、言語活動とは媒介である以前に顕現であり、出現であり、現にそこにあらしめるだけの作用であることを示そうとするのは偶然だろうか。暴力の爆発が怒りのなかで起こるとき、それはある目的のための手段ではないとされる。その意図は、示すこと、そして自分自身を示すことをおいてほかにはないとされる。この概念に対する責任／応答可能性はベンヤミンに委ねてしまおう。すなわちそれは、自己の顕現、つまり怒りのいわば没利害的で、直接的で、計算ずくではない顕現である。彼にとって重要なことは、暴力の次のような暴力的な顕現である。すなわち、そのときに暴力が自分自身を示し、かつ目的のための手段ではなくなるとされるような暴力的な顕現である。神々の顕現としての神話的暴力とはこのようなものだとされる。

ここからこのテクストの最後の過程が始まる。それは最も謎に満ち、最も人を魅惑し、かつ最も奥深い過程である。少なくともそこに二つの特徴を指摘することができる。その一つは、人に恐怖を与えるほどに倫理的＝政治的立場があいまいであることである。このあいまいさはつきつめると、このエッセーのテーマを事実かたちづくっている恐怖の反映なのである。もう一つは、このエッセーの身分と署名とが不安定な状態にあり、しかもこの不安定性が範例をなしているということである。この範例としての不安定性とは結局のところ、次のように呼んでもお許しいただけるであろうようなものである。すなわちそれは、当を得ることや正義や責任／応答可能性をあらしめるためには、あらゆるリスクに身をさらし、確実性や曇りのない良心を越えたところにまで進む以外にはないと心得ているという意味で、思考の真心または勇気と呼んでよいであろう。

ギリシア世界においては、神話的なかたちをとった神的な暴力の顕現は、一つの法／権利を基礎づける。それは、さまざまな報酬や懲罰を配分することによって既存の法／権利を力の効力をもって適用するよりもむしろ、すなわちそれを「執行する／力あらしめる（enforce）」よりもむしろ、一つの法／権利を基礎づけるのである。それは、何らかの配分的正義ないし報いることとしての正義ではない。ベンヤミンは、ニオベ、アポロとアルテミス、プロメテウスという、伝説に現れた事例を呼び起こす。これまでにない法／権利を基礎づけねばならないのであるから、だとするとニオベに降りかかる暴力は運命からでてくることになる。この運命は、不確定かつあいまい（zweideutig）でしかありえない。なぜなら、運命に先行するようなまたは運命を規制するような、運命以前の法／権利、運命よりも上位にある法／権利、運命を超越する法／権利といったものは一切ないからである。この暴力は基礎づけをなすものであるから、「破壊的であることを本来とする（eigentlich zerstörend）」ものではない。なぜなら、例えばそれは、ニオベの子供たちに血まみれの死をもたらすまさにそのときに、母親の生命は尊重するからである。[36] しかし、このように流された血にさりげなく言及されているということが、ここでは判別のための指標となる。ベンヤミンは次のように見たのだと思われる。すなわち、法／権利を神話的かつ暴力的に基礎づけるという、ギリシア世界において働く作用を確認させ、それによってこの基礎づけ作用をユダヤ主義における神的な暴力から区別させてくれるものは、この言及をおいてほかにない、と。こうしたあいまいさ（Zweideutigkeit）を含んださまざまな事例が次々に繰り出され、この語は少なくとも四回繰り返される。そのなかででてくるのが、「魔神的な」あいまいさをもった、法／権利を定立する次のような神話的作用である。すなわちそれは、それを根本的な原理において捉えれば、一つの威力（Macht）である。威力とはつまり、力であり、権威的な定立作用である。したがってそれは、ソレル自身が示唆し、私が見るところベンヤミンもここのところでそれを是認していることだが、王や大人物や権力者たちの特権である。すなわち、起源においてそもそも法／権利というものは、一つの特権、一つの大権である。[37] この根源的で神話的な瞬間においては、まだ配分的正義もなければ、懲罰や刑罰もない。あるのはただ「贖罪」（Sühne）である。「報い」よりもむしろ「贖罪」である。

このギリシア的なミュトスの暴力と対立させながら、ベンヤミンは神の暴力の特徴を一つ一つ明らかにしていく。彼が言うには、あらゆる観点から見て、神の暴力はそれとは正反対である。神の暴力は、法／権利を基礎づける代わりに、それを破壊する。神の暴力は、さまざまな限界や境界を定立する代わりに、それらを消滅させる。神の暴力は、過ちと贖罪へと同時に誘導する代わりに、罪を浄めさせる。神の暴力は、脅迫する代わりに、衝撃を与える。とりわけ――そしてこれが最も重要な点であろうが――神の暴力は、血まみれで死なせる代わりに、流血なしに死なせ、流血なしに消滅させる。血が、両者の違いを言い尽くしているであろう。この血の思想を解釈しようとするときわれわれは、二人の間にはいくつかの不協和音をかもしだす点があるにもかかわらず、ローゼンツヴァイクに対して感じるのと同様の当惑をベンヤミンに対しても感じる。ベンヤミンが言うには、血とは生命のシンボルである。それは純然たる生命の、生命そのもののシンボル（das Symbol des blossen Lebens）である。[38] ところで、法／権利の神話論的な暴力は、流血の事態を引き起こすことによって、自分自身のために（um ihrer selbst willen）行使され、純然たる生命（das blosse Leben）に対抗する。この暴力は、純然たる生命から出血させるものの、それでいてまさしく生きるものそのものの生命の秩序のなかにとどまる。これとは反対に、純粋に神的な（ユダヤ的な）暴力は、自分を生命全体に及ぼすものの、しかしそれは、生きるものの利益になるようにまたは生きるものを引き立てるために（über alles Leben um des Lebendigen willen）そうするのである。言い換えれば、法／権利の神話論的な暴力は、生きるものを犠牲にすることによって自分自身が満足する。これに対して神的な暴力が生命を犠牲にするのは、生きるものを救うため、生きるものを引き立てるためである。どちらの場合にも犠牲となるものがある。けれども血が要求される場合には、生きるものは尊重されていない。ここからベンヤミンの特異な結論がでてくる。私は彼にもう一度責任／応答可能性を委ねる。この解釈に対する、とりわけこのユダヤ主義解釈に対する責任／応答可能性を委ねる。その結論とはつまり、「前者（法／権利の神話論的な暴力）は犠牲を要求し（fordert）、後者（神的な暴力）は犠牲を受け入れる、引き受ける（nimmt sie an）」。いずれにしろ、この神的な暴力は――神的な暴力であるという証しは宗教によって立てられるばかりでなく、現在の生活のなかにも、またさまざまなかたちでなされる神聖なものの顕現のなかにも見出される――、たぶん財貨、生命、法／権利、法／権利の基礎等々を消滅させるであろう。けれどもそれが、生きるものの魂（die Seele des Lebendigen）を破壊するために、それにやいばを向けるということは決してない。したがって、このことから次のような結論を下す権利は、われわれにはない。すなわち、神的な暴力は、人間のありとあらゆる犯罪を野放しにするような領野を後に残す、と。神的にして最も破壊的な暴力の原理が、生きるものを尊重せよという命令を法／権利のかなたで、判断／判決のかなたで発するときから、「汝殺すなかれ」は絶対的な至上命令の地位を保つ。なぜならこの至上命令からはどんな判断／判決もでてこないからだ。それは、判断する／判決するための基準を与えてはくれない。それから権威を授けられることによって、あらゆる殺害を自動的に断罪しうるようになるということはありえないであろう。個人や共同体は次のような「責任／応答可能性」をもちつづけねばならない（それがでてくる条件は、一般的な基準や自動的に結論のでてくるような規則がないことである）。すなわちそれは、さまざまな例外的状況においては、さまざまな異常なまたは途方もないケースにおいて（in ungeheuren Fällen）は自分で決断することを引き受けるという「責任／応答可能性」である。これこそがベンヤミンにとっては、ユダヤ主義の本質である。ユダヤ主義は、正当防衛のケースであれば、殺人を断罪するのをはっきりと拒絶するであろう。またベンヤミンによれば、ユダヤ主義が生命を神聖化することといったら大変なもので、一部の思想家はこの神聖化を、人間を越えてその先にまで、すなわち動物や植物にまで広げるほどである。

　しかし、ベンヤミンがここで人間や生命の神聖さによって、より正確に言えば人間的な現存在（Dasein）の神聖さによって何を理解しているのかを、極端なまでに研ぎ澄ませてみる必要がある。彼は、生命をそれ自身のために神聖なものと見ること、つまり自然的な生命や単なる生きているという事実を神聖化するということに力を込めて反対する。クルト・ヒラーの次の一節、すなわち「ある現存在（Dasein）の幸福や正義よりもなお高いところに位置するのが、その現存在そのものである」という一節に詳しい注釈を加えながら、ベンヤミンは次のように判断する。すなわち、単なる現存在(Dasein)は、正義にかなう現存在よりも(als gerechtes Dasein)高いところにあるという命題は、もし現存在の意味するものが単なる生きているという事実であるとすると、虚偽でありかつ恥ずべきものである、と。現存在や生命という用語がはなはだしくあいまいであることに変わりはないと指摘しながらも、彼はこれとは逆に次のように判断する。すなわち、この同じ命題が次のことを言わんとしているのだとすると、それはどれほどあいまいなままにあろうとも、ある強力な真理(gewaltige Wahrheit)に満ちている。すなわち、人間なるものが存在しないということは、正義にかなう人間がいまだに存在していないということ——この「いまだに存在していない」には無条件に、「ただ単に」がつく——よりもはるかに恐ろしいことであろう、と言わんとしているとすればである。言い換えると、人間やその現存在やその生命を価値あらしめているものとは、正義への潜在的能力つまり可能性を含むということである。つまり、正義の未来、人間が正義にかなっていることの未来、人間が正義にかなっておらねばならないことの未来を含むということである。人間の生命における神聖なものとは、人間の生命ではなくて、人間の生命の正義である。動物や植物が神聖であるとしても、それらの生命だけをもってそれらが神聖になるわけではないであろう、とベンヤミンは言う。この生命主義または生物学主義に対する批判は、ある立場をとっていたハイデガーのなした批判にも似ているし、ヘーゲルの数々の命題を想起させるものでもある。けれども、ベンヤミンによる批判がここで展開されていくさまは、あるユダヤ的伝統が目を覚ましていくかのようである。そしてこの批判は、生命の名において、生命における最も生命的なものの名において、すなわち生命の値打ちの名においてなされる。生命の値打ちは、生命（純然たる生命――ただし何かそのようなものが現実に存在するとしての話だ――、つまり自然的とも生物学的とも呼べるような生命）よりも価値がある。しかしそれが生命よりも価値があるのは、それが生命そのものであるからであり、生命が好んで自分を選びとる限りにおいてである。それは、生命を越えたその向こうにある生命である。すなわち、生命に逆らいながらも常に生命のなかにあり、かつ生命のためにある生命である[39]。生命の概念や現存在の概念がこのようにあいまいであるために、ベンヤミンは、生命――つまり自然的な生命としての生命、純然たる生命としての生命――の神聖な性格を断言するドグマを前にして、心惹かれると同時にためらいをもつのである。このドグマの起源は探究するだけの価値あるものだ、こう指摘するベンヤミンがそこに見出さんとしているのは、神聖なものの喪失に対して西欧が示した比較的最近の懐古的な反応である。

この暴力批判における極めつきの、そして最も挑発的なパラドクスとは何か。検討すべきことを最も多く含んだこのパラドクスとは何か。それは、この批判が自己紹介して、自分は歴史に関する唯一の「哲学」だとしていることである（「哲学」の語には引用符がついたままになっているが、この引用符は忘れがたいものだ）。この歴史の「哲学」によって、ただ「批判的」なだけではない次のような態度をとることができるようになる。すなわちそれは、「批判的《クリティック》」という語――すなわちクリネイン――の、決定的という面と区別的という面とを最も強調した意味において「批判的」な態度である。すなわちそれは、歴史のなかでかつ歴史について選択する(krinein)こと、したがって決断しそして決着をつけることを可能にする態度である。それは、区別し、決断する、決定的な立場選択（scheidende und entscheidende Einstellung）を現時点で可能にする唯一の態度だとベンヤミンは指摘する。決断不可能性（Unentscheidbarkeit）はその一切合財が、法／権利の側に、すなわち神話論的な――とはつまり、法／権利を基礎づけかつ維持する――暴力の側に置かれ、そこに固定され、集積される。決断可能性の方はこれとは逆に、その一切合財が、神的な暴力の側に置かれる。神的な暴力とはつまり、法／権利を破壊する暴力であるが、それについては、リスクを覚悟のうえで次のように言うことさえできるであろう。つまり、それは法／権利を脱構築する暴力である、と。決断可能性の一切合財が、法／権利を破壊するまたは脱構築する神的な暴力の側にあると言うことは、少なくとも次の二つの事柄を言っていることになる。

(1) 歴史はこの神的な暴力の側にあるということ、そしてこの歴史とはまさしく神話とは対照的なものであるということ。歴史に関する一つの「哲学」が問題にされ、事実ベンヤミンが一つの「新しい歴史的時代[40]」に訴える理由は、まさしくここにある。つまりこの「新しい歴史的時代」とは、神話の支配が終わり、法／権利のとるさまざまな神話的形式が魔術のように循環する過程が途切れ、シュターツゲヴァルト、つまり国家の暴力ないし権力ないし権威が廃棄された後に必ずやって来ると思われる時代である。この新しい歴史的時代は、次のような条件をつけるならば、ある新しい政治的時代だと言えるだろう。その条件とはつまり、政治的なものを国家的なものと結びつけて考えない、というものである。例えばシュミットのある著作は、これとは逆のことをなすことになる。彼は両者を混同しないようにしているにもかかわらず、両者を目的論的に結びつけてしまうのである。

(2) もし決断可能性の一切合財が、ユダヤ的伝統においては神的な暴力の側に集約されているとすると、まさにこのことが、法／権利の歴史によって与えられる光景の裏づけになることによって、それに意味を与えるようになるであろう。すなわち法／権利の歴史は、決断不可能性のもとで自分自身を脱構築し、自分を麻痺させる。ベンヤミンが、法／権利を基礎づけるかまたは維持する暴力における「浮き沈みの弁証法(dialectique des hauts et des bas)[41]」と事実呼んでいるものは、一つの変動を構成する。その変動のなかで、法／権利を維持する暴力は、「数々の敵対する対抗暴力を抑圧すること」に絶え間なく没頭せねばならない。ところがこの抑圧作用——今言った観点からすると、法／権利、すなわち法的な制度というものは本質的に抑圧的である——は、法／権利を基礎づける暴力という、自分が代理している当のものを弱めつづける。だからこの抑圧作用は、この循環の過程のなかで、自ら自分を破壊しているのである。それというのも、このときベンヤミンは、いわば暗黙のうちに、次のような反復可能性の掟を認めているからなのである。すなわちこの掟は、次のような状態をつくり出す。つまり法／権利を基礎づける暴力は、法／権利を維持する何らかの暴力において常に代理されるし、法／権利を維持する暴力は、自らの起源から受け継いだ伝統を常に繰り返す。法／権利を維持する暴力は要するに、最初から繰り返され、維持され、再創出される運命にある一つの基礎づけ作用のみを保持しつづける。ベンヤミンは言う――そもそも法／権利を基礎づける暴力というものは、法／権利を維持する暴力において「代理される」(repräsentiert) のだ、と。

われわれは、かたや神的・革命的・歴史的・反＝国家的・反＝法的な暴力の決断可能性と、かたや国家的な法／権利における神話的暴力の決断不可能性とを、決断可能であるようにして対置させることができたのだから、すべてを明らかにしたのであり、ベンヤミンのテクストの意味つまりそれの言わんとすることを正確に解釈しているのだ、とこの時点で考えるとすると、こう決断するにはまだ早すぎるだろうし、このテクストの威力を理解しているとは言えないであろう。というのも、最後の数行において、ドラマの新たな一幕またはどんでん返しが演じられるからである。それは開幕の当初から計画されていたものではないと誓って言えるかといわれると、とてもそうは言えない。実際ベンヤミンは何と言っているのか。彼はまず最初に条件法で、「革命的暴力」(revolutionäre Gewalt) について次のように言う。「もしも」、法／権利のかなたにおいて暴力が、純粋にして直接的な暴力としてその確固たる身分を与えられるとすれば、そのときにはまさしくこのことが、革命的暴力の可能なることの証しとなるであろう。そのときに人は、革命的暴力、つまり人間たちの間での暴力の最も純粋な顕現を名指ししようとして「革命的暴力」という名をつけられたもの、が実際には何であるかを知るであろう――けれどもこの「知るであろう」は条件法になっている[42]。

それにしてもなぜこの言明は条件法になっているのだろうか。たまたま暫定的にそうやってみただけのことだろうか。絶対にそうではない。なぜなら、この件に関する決断 (Entscheidung)、すなわち規定をなす決断、しかじかの純粋かつ革命的な暴力をそれとして認識ないし認知することを可能にする決断、このような決断は、人間には近づくことのできない決断であるからだ。われわれはここで、これまでとは別の一つの決断不可能性とかかわりをもつことになる。ベンヤミンの文章をここでは省略せずに (in extenso) 引用するのがよい。

「だが、ある純粋な暴力が一つの特定のケースにおいていつ作用したのかを決断することは、人間たちのなしうることではないし、すぐにしなければならないことでもない[43]」。

この主張は、神的な暴力の本質から、すなわちその権力と正義の本質からでてくる。神的な暴力は最も正義にかなっており、最も効果的であり、最も歴史的であり、最も革命的であり、最もはっきりと決断可能であり、最もはっきりと決断を下すものである。けれども神的な暴力そのものは、人間がどのような仕方でそれを規定しようとしても、またわれわれの側で決断することのできるどのような認識や「確信」をもって捉えようとしても、それに応えることのないものである。神的な暴力それ自体を「それとして」認識することは決してできず、ただそれのもろもろの「効果」の面でそれを認識しうるのみである。神的な暴力のもろもろの効果は「比類のない」ものだ。それらはおよそ概念的一般性になじむものではないし、規定的判断の下に服せしめられるものでもない。確信（Gewissheit）や規定的認識が存在するのは、神話的な暴力の領域においてのみである。神話的な暴力の領域とはつまり、法／権利の領域であり、法／権利の領域とはつまり、歴史的なものとしての決断不可能なものの領域である。ベンヤミンは言う。「それとして確信をもって認識されるがままになるのは、神話的暴力のみであって、神的な暴力の方ではない。ただし神的な暴力がその比類のないもろもろの効果において現れる場合はこの限りでない」。

図式化して言えば、二種類の暴力、競合する二種類のゲヴァルトがあることになるだろう。かたや決断（正義にかなう、歴史的な、政治的な、等々）がある。すなわちそれは、法／権利や国家のかなたにある正義である。その正義にはしかし、決断可能な認識が伴うことはない。他方には、決断可能な認識と確信とが、ある領域のなかに存在するであろう。けれどもその領域は、構造的に見て、決断不可能なものの領域、つまり神話的法／権利と国家との領域にとどまる。一方には、決断可能な確信をもたない決断がある。他方には、決断不可能なものへの確信がある。それは確信であるにもかかわらず、決断を伴わない。いずれにしろ、いかなるかたちであれ、決断不可能なものはそれぞれの側にある。そしてこれが、認識や行為の、暴力性をもった条件である。けれども認識と行為とは常に切り離されている。

ここからいくつかの問いがでてくる。すなわち、脱構築というものが一つあるとして、かつ一つしかないとして、単数形で脱構築と呼ばれているものは、そのどちらにあたるのか。それともそれらとはなおまったく別のものなのか、それともそれらとは最後のところで異なるものなのか。ベンヤミンの図式にゲタをあずけて言うと、決断不可能なものに関する脱構築的な言説は、どちらかというとユダヤ的（またはユダヤ教＝キリスト教＝イスラム教的）であるのか、それともどちらかというとギリシア的であるのか。どちらかというと宗教的なのか、どちらかというと神話的なのか、それともどちらかというと哲学的なのか。私がこの形式をとるもろもろの問いに答えない理由は、単数形の脱構築なるものと言えるようなものが現実に存在するのか、あるいは可能であるのかについて確信がもてないからばかりではない。それは次のような理由からでもあるのだ。すなわち、私が考えるところでは、それ以上は一つにまとめることができないために複数のかたちで差し出されるようなさまざまな脱構築的言説は、決断と決断不可能なものからなる今言った二つの血統――時間を節約するために、ユダヤ＝ギリシア的な血統と言おう――のいずれにも加担している。それも不純な血をもって、汚染をなさんとして、取引きをしたうえで、雑種として、暴力的に加担しているのである。そして第二に次のような理由からである。すなわち、ユダヤ人的なるものやギリシア人的なるもの（l'Hellène）は、ベンヤミンがわれわれに本当だと思わせたいと思うところのものずばりではたぶんないからである。そして最後の理由として、脱構築の方からこれからやって来なければならないものに思いをめぐらすとき、私は次のように考えるからである。すなわち、脱構築のもつ数々の血管のなかにはまた、それらの血統のものとはまったく別の血が、たぶん何の血のつながりもなく流れているのである。より正確に言うと、血とはまったく別のものが流れているのである――その血がたとえ、最も同胞愛にあふれた《フラテルネル》ものであるとしても[44]。

このような理由で彼にさよならと言うことにするけれども――ずっとさよなら／神のもとに（adieu）と言うかさよならまた会いましょう（au-revoir）と言うかはともかくとして――、それによって私は最後の言葉を彼に言わせているのである。私は彼が署名するに任せる。ただしこれは、彼には少なくとも署名ができるとしての話である。そのために常に必要とされるのは、他者が署名するということである。そして最後の者として署名するのは常に他者である。最後の者としてとは、言い換えると、最初の者としてということである。

最後の数行のなかでベンヤミンは、署名をなす直前に、「雑種的」という言葉までも使っている。それが結局は神話の定義であり、したがって法／権利を基礎づける暴力の定義である。神話的な法／権利、すなわちこう言ってよければ法的な虚構、それは、「純粋な神的暴力のとる永遠不滅の諸形態」を「交配させる／雑種化する」(bastardierte) ことになる。神話は、神的な暴力を法／権利と (mit dem Recht) 交配させている。身分不相応の結婚、不純な系譜。すなわちそれは、血を混ぜ合わせることではなく、雑種にすることである。実はこの雑種性が、血を流させたり血によって償わせたりするような法／権利を創造することになる。

そしてそれから、ギリシア人的なるもの (le Grec) とユダヤ人的なるものをこのように解釈することへの責任／応答可能性を担った後で直ちに、ベンヤミンは署名する。彼は、評価し、指示するような仕方で語り、事実確認的な仕方では語らない。これは、署名をなそうとする人の常である。二つの力強い文章が告知する――すなわち、合い言葉は何であらねばならないか、何をなす必要があるのか、何を拒絶する必要があるのか、拒絶すべきもの (Verwerflich) の邪悪さや倒錯したあり方について。

「しかし、拒絶する必要があるのは (Verwerflich aber)、一切の神話的な暴力、すなわち法／権利を基礎づける暴力である。それは支配する（schaltende）暴力と呼んでよい。法／権利を維持する暴力も同じく拒絶する必要がある（Verwerflich auch）。すなわちそれは、支配する暴力に仕える管理された暴力（die verwaltete Gewalt）なのだ」。

この次に最後の言葉、最後の文章が来る。それはまるで夕暮れの笛のようである。けれども、そこからまた一つの祈りが始まらんとしているのである。ただし、その祈りをもはやわれわれが聴くことはないけれども。もはや聴くことがないと言おうと、いまだに聴いていないと言おうと、何の違いがあろうか。

この文章は、すなわちこの極めつきの宛先は署名をなす。それも、ベンヤミンの個人名であるWalterのすぐそばに署名をする。しかしそれはまた、署名、すなわち標章にして印章に名をつけてもいる。それは名に名をつける。そしてそれは、自分を《die waltende》[45]と呼ぶものに名をつける。

けれども誰が署名するのか。それは神、つまりまったくの他者である。これはいつものとおりである。神的な暴力は、すべての個人名のその先を行っていることだろう。けれどもそれは、それらすべてを与えてもいるだろう。神とは、この純粋な――そして正義にかなうということを本質とする――暴力の名である。すなわち、それとは別の暴力があるわけではないし、それ以前にはどんな暴力もない。そして、それがその面前で正義にかなうと自己弁護する必要のあるような暴力など一切ない。権威と正義と権力と暴力とは、神においては一体でしかない。

常に他者が署名するのだということ。このことにたぶんこのエッセーは署名しているのである。これは署名のエッセーである。その真理とはつまり、常に他者が、すなわちまったくの他者が署名するということであり、そしてすべての他者はまったくの他者だということである。これこそ人が神と呼ぶものである。否、それは自分を神と呼ぶものである。それは、必然のこととして私の代わりに署名をなすときに、自分を神と呼ぶ。そしてそれは、私としてはまさしくそれに名をつけているつもりのときでさえ、必然のこととして私の代わりに署名をなすのである。神とは、この絶対的換喩の名である。また神とは、この絶対的換喩が、さまざまな名をずらすことによって名をつけようとしているものである。また神とは置き換え作用であり、そしてこの置き換え作用のなかで取って代わっては自分を置くものである。神はまさしく名（nom）の以前にある。神は名の前／個人名(pré-nom）とともにすでにある。すなわち、

《Die göttliche Gewalt, welche Insignium und Siegel, niemals Mittel heiliger Vollstreckung ist, mag die waltende heissen》。すなわち、「神的な暴力、これは神聖な執行の標章にして印章である。それは

神聖な執行の手段では決してない。それは至高の暴力（souveraine）という名で呼ぶことができる（die waltende heissen）」。

神的な暴力は次のような名で呼ぶことができる——至高の暴力、と。至高の、つまり秘密にされた。それがなぜ至高のものかというと、それが自分の名を呼ぶからであり、またそれが至高の権限をもって自分の名を呼ぶ場合に、人もそれの名を呼ぶからである。それは自分に名をつける。至高のものであるのは、この根源的な名呼びのもつ暴力的威力である。絶対的な特権、無限の大権。大権が、およそ名を呼ぶことの条件を与える。大権は、それ以外のことは何も言わない。したがってそれは、沈黙のなかで自分の名を呼ぶ。このとき鳴り響くのは、名だけである。その名とはつまり、名の以前にある名の純粋な命名作用である。神による、命名作用以前の命名作用／個人名をつけること（prénomination）、これこそが、無限の威力を備えた正義である。それは、署名することに始まり、かつ終わる。

それはつまり、さまざまな署名のうちでも最も特異な署名、起こる見込みの最も低い署名、つまり至高の署名に始まり、かつ終わるということである。それはまた、最も秘密にされた署名に始まり、かつ終わるということでもある。すなわち、至高のとは、読むすべを知る者にとっては、秘密にされたを言わんとする。言わんとするとは次のように言うことである（ドイツ語の heisst の意味でこう使っている）、すなわち、名を呼ぶ、招待する、名をつける、送り届ける、自分を送り届ける、と。

これは、読むことができる者にとってはそうだということである。読むとはつまり、読むやたちどころに他者の名と行き合うということである。

それはつまり、ある封印の解読不可能性、すなわちほかならぬ至高の署名を打ち破って開封してみせる――ただし、解読不可能性を解読不可能なものとして、そして解読不可能性には手を触れずにそのままにしておきながら、打ち破って開封してみせる――力を授かる者にとって、ということである。

追　記 〔原文は、全文イタリック体で書かれている〕

この奇妙なテクストには日付が書き入れられている。あらゆる署名には日付が書き入れられる。たとえそれが、神の複数の名が並ぶそのなかへと自分をすべり込ませ、神そのものが署名するのに任せるつもりでのみ署名するにしても、そしてたぶんそうであるからこそますます、それには日付が書き込まれるのだ。もしこのテクストに日付と署名が書き入れられているとすると（Walter, 1921）、われわれには、それをナチズム一般の証人として召喚する限られた権利しかないことになる（ナチズム一般がまだそれ自体として展開されていたわけではなかった）。また、人種主義と反ユダヤ主義という、ナチズムとは切っても切れないものが、そのナチズムのもとでとることになったさまざまな新たな形態の証人として召喚する権利も限られたものでしかないし、ましてや「最終解決」の証人として召喚する権利となると、ますます限られたものでしかない。それは、「最終解決」の企てや実行がほかの二つよりもずっと遅れ、さらにはベンヤミンの死の後にまでなるという理由からばかりではない。それはさらに、次のような理由にもよるのである。すなわち、「最終解決」とは、たぶんナチズムの歴史そのもののなかにあって、次のような代物であるからだ。すなわち、それについてある人々は次のように考えるかもしれない。それは避けることのできない結果であり、ナチズムのさまざまな前提そのもののなかに書き込まれている、と。ただしこれは、ナチズムとされる何ものかが、この種のさまざまな言明をもちこたえさせることのできるだけの同一性をもつとしての話である。これに対してまたある人々は、ナチス党員であったかなかったかにかかわらず、またドイツ人であるなしにかかわらず、次のように考えるかもしれない。「最終解決」の企てとは、ナチズムの歴史の内部での一つの出来事、いやむしろその内部で起こった一つの新たな急転回であるから、それをこの資格で捉えるならば、一つのまったくそれ独自の分析をなしてしかるべきものだ、と。これらいずれの理由からしても、われわれには次のように自問する権利がそもそもないか、またはなにがしかの限られた権利しかないことになるだろう。その権利とはつまり、ヴァルター・ベンヤミンが、このテクストの論理のもとで——それに何か論理があるとして、それもただ一つの論理があるとして——、ナチズムについて、そして「最終解決」についてどう考えていたのかを自問する権利である。

ここで、しかしと言いたい。しかし私は、ある仕方でそれを自問してみるつもりだ。そのために私は、このテクストそのものに対する私の関心を越えてそのかなたへと進む。このテクストが出で来たことやこのテクストの構造に対する私の関心を越えてそのかなたへと進む。あるいは、いわゆるナチズムの台頭直前のユダヤ思想とドイツ思想の配置について、またこのような配置を有機的なものにする両者の間のさまざまな分かち合いと分かれの関係のすべてについて、また両者がもろもろの点で目がくらむほどに近しい関係にあることについて、さらには両者がときには前提を共有していながら、さまざまな点で賛成から反対へと根本から逆の立場へいたることについて、等々について、このテクストからわれわれが何を読み取ることができるかという関心を越えて、そのかなたへと進む。私は、今挙げたすべての問題を本当に切り離すことができるという前提に立って、それらに対する私の関心のかなたへ進むという言い方をしたのだが、切り離せるかどうか私は疑問に思っている。実を言うと私には、次のことを自問するつもりはない。すなわち、ベンヤミン自身はナチズムや反ユダヤ主義についてどう考えていたのか、と。これについて問うためのほかのさまざまな手段、彼の手になるほかのさまざまなテクストをわれわれはもちあわせているだけに、なおさらそうである。私はまた、次のことを自問するつもりもない。すなわち、ベンヤミンその人なら「最終解決」についてどう考えただろうか、彼なら「最終解決」についてどんな判断やどんな解釈を示しただろうか、と。私はこれとは別のことを、しかも謙虚に、そして今後の研究の準備として探るつもりである。このテクストの論理的母胎がどれほど謎に満ちており、また多元的決定を受けたものであろうとも、それがどれほど流動的でありまた転換のきくものであろうとも、それがどれほど容易に正反対のものになりえようとも、それにはそれ自身の一貫性がある。この一貫性はそれ自身が、ベンヤミンの他の数多くのテクスト――すなわち『暴力批判論』以前の数々のテクストも、それ以降の数々のテクストもいずれも――を統率する一貫性と一貫性をもつ。この一貫性をもって継続する流れのなかに執拗に現れるいくつかの要素をまさしく考慮に入れながら、私はいくつかの仮説を試論として立ててみようと思う。これは、ベンヤミンのなしたかもしれないもろもろの言明を再構成するためではなく、次のような問題系としての、そして解釈を導く空間のいくつかの大まかな特徴を再構成するためである。その空間とはつまり、ベンヤミンが「最終解決」に関して言説を書いたとすると、たぶんそれをそこに書き込んだであろうと思われる空間である。

第一に彼は、「最終解決」を、おそらくはナチズムにおける一つの論理を極端にまで押し進めた帰結だとみなしたであろう。この帰結は、次のような多方面にわたる一つの先鋭化作用に対応していると言えるだろう。われわれのテクストのなかでできた諸概念をもう一度使って説明しよう。

(1) 伝達のための言語活動、すなわち表象や情報活動のための言語活動へとわれわれが堕落することと結びついた、悪の先鋭化（そしてこの観点から見ると、ナチズムとはまさしく、メディア的暴力が最も顕著に現れた形象であったし、また伝達的言語活動のための、あるいは産業的言語活動や産業に関する言語活動のための、さらには科学的客観化作用——取り決められた記号と形式化して登録することとをもとにした論理と結びついた——のためのもろもろの近代的技術を政治的に利用した最も顕著な形象であった）。

(2) ある種の国家論理を全体主義的に先鋭化すること（そしてわれわれのテクストはまさしく、国家に対する断罪であり、さらにはある国家を別の国家に取って替える革命に対する断罪である。ある国家を別の国家に取って替えるというこの構造は、ナチズム以外のさまざまな全体主義体制にもまさしく当てはまる——そしてすでにここには、歴史家論争（Historikerstreit）の問いが芽生えはじめているのがわかる）。

(3)　議会制・代表制民主主義が、それと不可分の近代警察によって、先鋭化しながら、しかしまた致命的なかたちで腐敗すること。近代警察こそが真の立法権力になり、その幽霊が政治的空間の全体に命令する。この観点から言うと、「最終解決」とは、国家による歴史的＝政治的決断であると同時に、警察による――市民警察や軍事警察による――決断でもある。この場合、両者に判別をつけることは決してできないし、いかなる決断であろうとそれが責任の名に値するものをもって下されたとみなすことも決してできない。

(4)　神話的なもの、すなわち神話的暴力が先鋭化し、全面的に拡大するということ。しかもそれは、この暴力のもつ二つの契機、すなわち犠牲を生み出しながら基礎づけるという契機と、最も強力な維持作用という契機の両方で起こる。そしてこの神話論的次元、すなわちギリシア的であると同時に美学化を引き起こす次元（ナチズムは、ファシズムと同様に、神話論的であり、またギリシア風である。そしてもしナチズムが、政治的なもののある種の美学化に対応するものであるとすると、その場合の美学とは表象の美学である）、この神話論的次元は、次のものからでてくる一定の暴力に見合ったものでもある。すなわち、国家的な法／権利とそれに伴う警察や技術からでてくる暴力、あるいは正義から完全に切り離された法／権利からでてくる暴力。この暴力は、概念的一般性という、群衆構造には好都合なもの——そして特異性や唯一性に対する考慮とは正反対のもの——としての暴力である。以下のものを、これ以外の仕方でどう説明しうるというのだろうか。すなわち、制度的形式、さらには官僚主義的形式、合法化するためのさまざまな偽装行為、法万能主義、管轄と階級制とに対する尊重、これらを要するに、「最終解決」が技術的＝産業的かつ科学的に実行に移されていることをはっきりと知らしめた法的＝国家的組織全体。このときには、すでに法／権利に関する一定の神話論が猛威をふるっており、ある種の正義に敵対していた。その正義とは、ベンヤミンが考えるところでは、法／権利とは根本的に異質的でありつづけねばならないはずの——自然の法／権利とも歴史的な法／権利とも異質的でありつづけ、また法／権利を基礎づけるための暴力とも維持するための暴力とも異質的でありつづけねばならないはずの——正義である。そしてナチズムとは、この法／権利を維持する革命であった。

けれども第二に、まさしく次のような理由からでてくる問題がある。すなわち、ナチズムは論理的に「最終解決」に通じており、この「最終解決」がナチズム自身の極限であるという理由から、そして法／権利の神話論的暴力とは「最終解決」に関する紛れもない体系であるという理由から、次の問題がでてくる。つまり、われわれが「最終解決」の唯一性に思いいたることができるのは、すなわちそれを想起することもできるのは、今言った法／権利の神話論的暴力の空間とは別の場所からでしかない。この出来事と、それを運命に結びつけているものとを正しく認識するためには、法／権利の秩序、神話の秩序、表象の秩序を立ち去る必要があるであろう（この場合の表象とは、法的＝政治的な表象――それは歴史家たる裁判官からなるもろもろの裁判所をもつ――であるが、それと同時にまさしく美学的な表象でもある）。というのも、ナチズムが神話論的暴力の論理の完成者としてなそうとしていたように思われることは、およそほかの証人を排除すること、すなわち別の秩序に属する証人を破壊することである。別の秩序とはつまり、法／権利には還元しえない正義をおのれの正義とする一つの神的な暴力である。あるいはまた、法／権利の秩序とも異質だし（たとえそれが人間の諸権利であるとしても、やはりそれとも異質である）、表象と神話の秩序とも異質な一つの正義である。言い換えるとわれわれは、「最終解決」としての一出来事、すなわち神話的かつ表象作用的暴力の極度に先端化したものとしての一出来事の唯一性を、その暴力の体系の内部にありながら考えることはできない。その出来事を、それとは他なるものから出発して考えてみようとする必要がある。それとは他なるものから出発するとはつまり、それが排除したり破壊しようとしているもの、すなわち根こそぎ絶滅させようとしているもの、ということはそれに外からも内からもとり憑いていたもの、から出発するということである。またその出来事を、特異でありうる可能性、署名と名が特異なものでありうる可能性から出発して考えてみようとする必要がある。なぜなら、表象の秩序が絶滅させようとしていたものは、何百万もの人間の生命だけではない。それが絶滅させようとしていたものはまた、正義に対する要求であり、また数々の名であるからだ。すなわち、何よりもまず、名を与え、書き込み、呼び、想起することのできる可能性から出発する必要がある。それというのも、名や名の記憶そのもの、すなわち記憶としての名の破壊や破壊の企てがあったからばかりではない。それはさらに次の理由にもよる。すなわち、神話的な暴力（すなわち客観主義的暴力、表象作用の暴力、伝達作用の暴力、等々）の体系は、自分自身の一つの限界にまで行き着き、そして魔神的な仕方で自分を同時にこの限界の両側にとどまらせていたからでもある。すなわち、神話的暴力の体系は、一方で自分のなした破壊の記録文書を保持し、正義にかなうようにするさまざまな推論のまがいものをいろいろと産出した。それもこの産出は、人を恐れさせるほどの合法的・官僚主義的・国家的な客観性をもって行われた。ところが（まさしくそれと同時に）神話的な暴力の体系は、一つの体系を産出した。そしてその体系のなかで、その体系の論理、つまり客観性の論理によって、証言やさまざまな責任／応答可能性を無効にすること、したがって消去することができるようになり、また最終解決の特異性を中性化することができるようになった。要するに、神話的暴力の体系が産出したのは、歴史編纂が倒錯したかたちで行われる可能性である。そしてこの歴史編纂における倒錯によって、修正主義の論理（手短に、フォリソン式の、と言おう）、ならびにある種の実証主義的ないしは比較主義的ないしは相対主義的な客観主義（今日歴史家論争（Historikerstreit）と結びつけて考えられている客観主義のような）は誕生することができた。この客観主義によれば、ナチズムに類似した全体主義的な一つのモデルが現実に存在し、またナチズム以前のさまざまな大虐殺が現実に存在した（例えばソ連強制収容所）ことから、「最終解決」は戦争上の一つの現実的行為として、すなわち戦時において国家の示す一つの古典的反応が世界中のユダヤ人たちに向けられたものとして説明され、さらには「正常のものとみなさ」れる。すなわち、要するに彼らは、一つの準国家としての資格で、一九三九年九月にワイツマン〔シオニスト世界機構代表〕の口を通じて第三帝国に宣戦を布告した、というわけだ。

以上述べたような見方に立ってたぶんベンヤミンは、次のように判断したことだろう。すなわち、ナチズムやナチズムの数々の責任に対する法的訴訟の一切合財、裁判装置の一切合財、ナチズムを最終解決にまで発展させた空間といまだに同質の歴史編纂の一切合財、さまざまな哲学的概念、道徳的概念、社会学的概念、心理学的概念、または精神分析の概念から汲み出した解釈の一切合財、そしてとりわけさまざまな法的概念（なかでも法／権利の哲学におけるさまざまな概念。なおここで言う法／権利の哲学とは、アリストテレス的スタイルの自然法論であると、啓蒙（Aufklärung）スタイルの自然法論であるとを問わない）から汲み出した解釈の一切合財、ベンヤミンならこれらを無駄で不適切だと判断したであろう——少なくとも、出来事の重要性に見合うほどには適切でないと判断したであろう。またベンヤミンならたぶん次のものを無駄で不適切だと——少なくとも出来事の重要性に見合うほどには適切でないと——判断したであろう。すなわち、「最終解決」を歴史的あるいは美学的に客観化することの一切合財。このような客観化作用は依然として、あらゆる客観化作用がそうであるように、表象しうるものの秩序やさらには規定しうるものの秩序にさえ属すると思われるし、決断可能な規定的判断の秩序に属すると思われる。われわれは少し前に次のように述べた。すなわち、法／権利からくる悪しき暴力の秩序、すなわち神話論的暴力のもとで悪が生まれる原因は、ある特定の決断不可能性にある。その決断不可能性とはつまり、法／権利を基礎づける暴力と法／権利を維持する暴力との間に区別を立てることができない、ということである。なぜ区別を立てることができないのかというと、それによって生じる腐敗は弁証法的であり、また弁証法の作用のなかで避けることのできないものであるのとは対照的に、そのときに働く理論的判断作用や表象は、規定可能なものであり、あるいは規定をなすものであるからだ、と。これとは逆に、われわれがこの秩序を立ち去るやいなや、歴史が開始する――そして神的な正義の暴力が開始する。しかし、われわれ、すなわち人間は、それに見合うだけの判断をなすことができない。ということはすなわち、決断可能な解釈によってそれに対応することもまたできない。これはまた、次のような意味でもある。すなわち、「最終解決」を解釈すること、さらには二つの秩序（神話論的秩序と神的な秩序）を一体化させると同時に境界線で仕切っているものの一切を解釈することは、人間の尺度を越えたことなのである。いかなる人間学の尺度をもってしても、いかなる人間主義の尺度をもってしても、また人間やさらには人間のさまざまな権利に関する人間のいかなる言説の尺度をもってしても、神話的なものと神的なものとの断絶を推しはかることはできないし、「最終解決」のような企てに見られる極限的経験を推しはかることもできない。このような企ては、神話的な暴力とは別のもの、表象とは別のものをたただただ消滅させようとする。この別のものとはつまり、運命であり、神的な正義であり、そしてそれらを証し立てることのできるものである。すなわちそれは、次のような唯一の存在である限りでの人間である。すなわち、自分の名を神から授かることなく、神からは名づけをする権力と任務、すなわち自分自身で自分の同胞に名を与えたりさまざまな事物に名を与える権力と任務を授かる唯一の存在としての人間である。名づけることは、表象することではない。名づけることは、さまざまな記号によって伝達すること、すなわちある目的のためのさまざまな手段を用いて伝達すること、ではない。この解釈の路線は、ベンヤミンがすでに一九一八年のあるテクストにおいて定式化していた、啓蒙《アウフクレールング》に対する恐ろしいまでの、そして圧しつぶさんばかりの糾弾にそうものであるだろう——なおこのテクストは、アドルノの六〇歳を記念して一九六三年にショーレムの手で公刊された。

これは次のような意味ではない。すなわち、啓蒙《レ・リュミエール》、そして伝達のための言語活動または表象のための言語活動を、表現的言語活動のためにあっさりと放棄する必要がある、という意味ではない。一九二六年から一九二七年にかけての『モスクワ日記』のなかでベンヤミンが明言するところによると、これら二つの言語活動の間に、またそれらによって命令されるすべてのものの間に生じる二極性は、純粋な状態で維持したり作用させることのできないものである。この両者の間に「妥協」が起こるのは必然であり、または避け難いことである。けれどもこれは、二つの通約不可能な、そして根本から異質な次元の間での妥協である点では変わることがない。われわれが今言ったことからここで引き出すことができるであろうさまざまな教訓のうちの一つは、たぶん次のものである。それはすなわち、もろもろの異質的な秩序の間での妥協とは宿命的な性格のものだ、ということである。そのうえこの妥協とは、正義の名における妥協である。すなわち正義というものは、次の二つの掟に同時に従うよう命令するであろう。その一つは、表象の掟である（表象とはすなわち、啓蒙《アウフクレールング》、理性、対象化、比較、説明である。あるいはそれは、多様性を考慮に入れることであり、したがってもろもろの唯一無比のものを系列化することである）。そしてもう一つは、表象を超越しており、唯一無比のものや、さらにはあらゆる唯一性を、一般性の秩序ないしは比較作用の秩序のなかに再び書き込まれることのないように守る掟である。

結論として私がこのテクストのなかで最も恐るべきものだと思うもの、さらには耐えがたいと思うものは、このテクストがもちつづける、最大の悪とのさまざまな親近性さえも越えたところにある（この親近性とはつまり、啓蒙《アウフクレールング》に対する批判、堕落と、根源的な真正さとからなる理論、根源的な言語活動と堕落した言語活動との間に生じる二極性、表象／代理と議会制民主主義とに対する批判、等々である）。すなわちそれは結局のところ、このテクストによって口を開けられたままになるであろう一つの誘惑である。しかもこの誘惑はとりわけ、「最終解決」から生き残った者たちや、「最終解決」の犠牲者たちを口を開けて待ち構えているであろう。「最終解決」による過去や現在や潜在的な犠牲者たちを口を開けて待ち構えているであろう。それはどのような誘惑か。それは、ホロコーストを、神的な暴力の解釈不可能な顕現として考えたいという誘惑である。すなわちこの神的な暴力は、滅ぼすものであり、かつ罪を浄めるものであり、かつ無血的なものであるだろう――こうベンヤミンは言う。すなわちそれは――ここで再度ベンヤミンを引用するならば――「衝撃を与えかつ罪を浄めさせる無血的な過程」のさなかに法／権利を破壊するであろうような神的暴力である（「ニオベ伝説と対立させてわれわれが、この暴力の範例として持ち出すことができるのは、コラーの徒党に対する神の裁きである（民数記 XVI, 1, 35）。この裁きは予告も脅迫もなしに、特権者たる祭司《レヴィ》長のやからに衝撃を与え、ためらうことなく彼らを滅ぼす。だが、まさに滅ぼしながらもこの裁きは、同時に罪を浄めている。この暴力の無血的という性格と罪を浄めるという性格とが深いところで相互に連関しているということは、見紛いようのないことである」）。

ガス室や焼却炉のことを考えるとき、無血的であるがゆえに罪を浄めるというようなー一つの絶滅化作用をほのめかすこの箇所を、戦慄を覚えることなしに聞くことがどうしてできようか。ホロコーストを、罪を浄める一作用としたり、正義にかなう暴力的な神の怒りの読み解くことのできない一つの署名としたりするような解釈の着想に、われわれは恐怖で震え上がる。

まさしくこの点においてこのテクストは、それが多義的であるところからくる意味の流動性を考えあわせようとも、またその意味を反転させることのできるさまざまな秘めた可能性のすべてを考えあわせようとも、やはり私には、結局のところ次のように思われる。すなわちそれは、魅惑する作用や眩惑作用にいたるまで、われわれが反対を示す働きかけや思考、行動や発言をなさねばならない当のものにあまりにも似すぎているのだ。このテクストは、これ以外の多くのベンヤミンのテクスト同様に、私からするとまだあまりにもハイデガー的であり、メシア主義＝マルクス主義的であり、あるいは始原＝終末論的である。「最終解決」と呼ばれるこの名もない事象から、なお教訓の名に値する何事かを引き出すことができるかどうか、私にはわからない。けれども引き出すことのできる教訓が一つあるとしよう。つまり殺害からは、たとえ単独での殺害からさえも、また歴史上のすべての集団的大虐殺からは、常に唯一無比のさまざまな教訓がでてくる（なぜなら、個人に対する殺害のそれぞれが、また集団に対する殺害のそれぞれが特異なものであり、したがって無限であり、また通約不可能であるからだ）。このようなさまざまな教訓のうちの一つである唯一無比の教訓があるとしよう。われわれが今日引き出すことができるであろう――そしてもし引き出すことができるのであれば、ぜひとも引き出すべき――その教訓とは、次のようなものである。すなわちそれは、今挙げたようなすべての言説と最大の悪（ここでは「最終解決」）との間に発生しうる共謀関係をわれわれが思考にのせ、認識せねばならないということ、それを自分自身において表象し、形相化し、判断せねばならないということである。このことが、私から見れば、ある種の使命や責任／応答可能性を定義する。けれども私は、このような使命や責任／応答可能性のテーマをベンヤミン的な「破壊」のなかにもハイデガー的な「破壊（Destruktion）」のなかにも読み取ることができずにいる。かたやこれらの破壊、そしてかたや脱構築的な一種の肯定作用との間にある今述べたような差異の思想にまさしく導かれて、私は今晩この読解を行ったのである。私が思うに、「最終解決」の記憶がひそかに吹き込む（dicter）のは、この思想である。

脱構築と正義——訳者解説

一　本書の意義と射程

脱構築と政治や倫理や法とはどのように結びつくのか。それとも両者は決して交わらないものか。それどころか脱構築は、政治や倫理や法のような構築物を破壊し、新たな構築のための設計図を示さない無責任な思想ではないか。デリダの脱構築が世界的に影響力を広めるにつれて、このような問いがぶつけられてきた。本書は、この問いに対するデリダの回答と言ってよい。本書でデリダは、「正義」という政治的・倫理的・法的な価値と、自分の脱構築との関係をはっきりと表明する。「脱構築は正義である」、このデリダの定式は、自分の脱構築がまさしく政治的な意味をもつものであることをはっきりと宣言したものである。

プラトン以来の西欧の知の歴史、つまりデリダが「形而上学」と呼ぶものに対するラディカルな批判の企て、これがそもそもの脱構築の発想であった。それは、知の最高の価値である「真理」に対する批判であらざるをえない。この形而上学における「真理」概念をデリダは、「声」ないしはパロールによって保証される、語る主体の「自己への現前」から生じるものとして捉える。そして、「真理」と結びつくものとして特権的地位を与えられてきた「声」やパロールに対して、これまで貶められてきたエクリチュールの考察を通じて、その特権的地位を覆し、そして「真理」の地位そのものを脅かすという戦略を、とりわけその初期においてとってきた。本書にもそれは十分に生きている。しかし本書では少し異なる戦略が取り入れられている。それは、「真理」に対する「正義」の優越というテーゼである。かつてこのテーゼを明示的または暗黙的に掲げてきた思想家、例えばオースチン、レヴィナス（いずれも以前にデリダが精密な検討を加えてきた思想家だ）の思想を本書でも取り上げながらデリダは議論を展開する。そして本書がそのような思想家のなかに加えようとするのがベンヤミンである。

また本書では、デリダが従来から問題にしてきたナチズム問題が、「最終解決」（ナチスの言うところの「ユダヤ人問題の最終解決」をもたらすもの、つまりナチスによるユダヤ人絶滅政策）という、これまでの概念や表象の枠組を越えた出来事をめぐって、「表象（再現前化）」としての言語観の批判やさらには歴史的表象の問題と結びつけて論じられ、その観点からもベンヤミンが取り上げられている。

さらに本書には、「法哲学」という問題が現れている。デリダの母国フランスでは、「法哲学」はそれほど盛んではない。これに対して英米やドイツではきわめて盛んであり、また法律学や法律の実務をはじめ、政治学や倫理学にも大きな影響を与えている。本書のもとになった講演のうちの一つは、デリダをはじめとするいわゆる「ポストモダン」哲学の影響を強く受けた法哲学の一派「批判的法学研究」(Critical Legal Studies. ＣＬＳと略称される）の中心メンバーであるドゥルシラ・コーネルが主催するコロークにおいて、ＣＬＳのメンバーも数多く出席するなかで行われたものである。そのなかでデリダは、

CLSに対して一定の評価を与えているものの、若干の批判めいた見解も述べている。デリダは、法哲学についてては自分は素人であるという意識があるために控え目な言い方になったのであろうが、しかし、現代の英米の法哲学に決定的な影響を与えたオックスフォードの法哲学者H・L・A・ハートやさらにはロールズの名をわざわざ挙げているところから推測すると、法哲学プロパーに対しても——ハートやロールズやドゥウォーキンらの流れを汲むいわば主流派に対しても、またそれに対するラディカルな批判を展開するCLSを典型とするいわば反主流派に対しても——自分なりの提言をしたい（さらにはこれまで法哲学が活発でなかったフランスの法学界にもメッセージを送りたい）という意図もあったと思われる。

二　ふたつの言語観

デリダが法や正義の問題を論じるにあたって言語問題から出発している点は、十分に注目してよいことである。実はベンヤミンもとりわけその初期のエッセーにおいてはそうであった。また、先に挙げたハートが従来の法哲学に対して与えた革新的意義とは、法の問題に言語論的にアプローチしようとした点にあった（しかもハートのこのような法理論は、デリダにも強い影響を与えているヴィトゲンシュタインとオースチンの影響下で形成されたものである）。言語問題と法や正義の問題とはどうやら密接な関係にあるらしいが、本書においてデリダはこの両者をどのようにして結びつけているかを少し考えてみたい。

言語について支配的ともいえる考え方は、言語とは、すでにある何ものかを伝達するための媒介ないしは記号であるというものである。この「何ものか」とは、例えば伝達者の生き生きした意図（デリダの用語で言うと、「自己」への現前」）である。この意図が言語に写され、この言語を介してその意図がそのまま相手に伝達される、という構造になる。ところが、言語という媒介が介入する以上、伝達者の生き生きした意図がそのまま相手に伝わることなどありえないはずである。ところが、これを覆い隠してしまうのが、「自分が話すのを聞く」というパロールの構造である（デリダ、『グラマトロジーについて』）。自分が話すのを聞くことができるためには、パロールが世界に発せられ、それを聞き取るというのでなければならない。ところが、パロールは、発せられるや否や消滅し、世界にその痕跡を残すことがないし、またいちども世界に存在しなかったと、つまり話者の外には出なかったとみなされる。こうして、パロールのなかにある物質性、つまりエクリチュールとしての性質が覆い隠される。この構造が対話者（他者）にまで拡大されるとき、相互主観性という概念がでてくる。西欧形而上学の大前提をなしてきたのは、この「自分が話すのを聞く」という構造であり、またパロールの特権視、したがってエクリチュールの貶めである。これは、パロールに対する異物（他者）としてのエクリチュールの排除という社会哲学的問題意識へとつながっていく。

西欧形而上学は、エクリチュールという異物の存在を認めざるをえなくなると、それを自覚的に排除する方向へと進む。この方向をはっきりと打ち出したのがルソーである。そしてこの排除を支えたのが、現前（起源にあったと想定される純粋な理想状態・楽園）―現前喪失（人間の堕落）―再現前化（起源にあった理想状態の回復。メシアの到来。歴史の終わり）という「存在論的」な論理である。エクリチュール（これはパロールに対する「代補物」だと定義される）の存在は、人間が原初の理想状態（パロールの支配する状態）から堕落したことの証明である。そこで、この堕落状態を、エクリチュール（異物）を排除することによって克服し、原初の理想状態を回復せねばならない。デリダからすると、この異物排除の運動が極に達したのがナチスによる「最終解決」であった、ということになるだろう。こうして、存在論という西欧形而上学の根本的な論理こそが、「最終解決」という最大の悪を生み出した原因であることになる。ところで、この再現前化の原語はルプレザンタシオンであるが、これは表象や代理（代表）という意味を含む。表象にしても代理にしても、起源にあるものを再現前させるという構造は変わらない。こうして、存在論批判は表象や代理批判としての意味をもってくる（具体的には歴史的表象問題や議会制民主主義に対する批判）。

このように、言語を伝達のための記号としてみる言語観は、社会哲学的にも大きな問題を孕むことがわかる。ところで、このような言語観を同じく批判しながら、それを法の批判として展開したのがベンヤミンである。とりわけ彼の『暴力批判論』と『言語一般および人間の言語について』をはじめとする初期の論文にはその問題意識がはっきりと現れている。デリダが、本書において法の問題を論じるにあたって、ベンヤミンに着目したのは当然であるといえる。

伝達のための記号としての言語観に対してデリダが対置する言語観とはどのようなものであろうか。

そもそも起源において純粋な理想状態、つまり人間が純粋なパロールのみを用いて完全に理解し合っている状態などはありえない。パロールそのもののなかにすでにエクリチュールが含まれている。また、そもそも何ものかがまず世界に刻まれるのでないと、何も始まらないのではないだろうか。この世界への刻みをエクリチュールと呼べば、まずエクリチュールが最初にあることになる。これがデリダの言う「原エクリチュール」であると思われる。これは、これまでは伝達者の生き生きした意図を伝達する道具であり媒介であると、つまりこのような意図の後からでてくるとみなされていたものこそが、その意図に先立ってまず最初にあるということを意味する。あるいは、伝達行為そのものが、伝達されるべき生き生きした意図に先立ってまず最初にあるということになる。だとすると、これまでは起源にあるとされていた生き生きした意図とは何であろうか。それは、エクリチュールまたは伝達行為によって、つまり言語を発するという行為によって後から構成されるとしか考えられない。最初にあるとされていたものは、実は事後的に構成されたものなのである。まず、世界に何かを刻みつける行為があるのだ。デリダは、オースチンの「遂行的言語行為」の概念をこのように改作する。まず遂行的な言語行為がある。それによって世界に刻みがつけられる。その後に、その言語行為とは初めから必然的になされる運命にあったのだとする、その言語行為を正当化する言説が生まれ、あたかもその言語行為は、最初にそれ自体として存在していた純粋な、したがって正しい意図を実現しようとするものだと転倒して考えられるようになるのだ。

世界に刻みを行うということは、世界を変革するということであり、つまりは革命ということである。

このような変革行為は、現状を変化させることであり、それ以前のいかなる言説によっても正当化することはできない。それは自己正当化的であらざるをえない。このような革命行為が成功したとき、それを正当化する言説が後から生まれる。すなわち、その行為はそれ自体において存在する「正しい」意図ないしは目的を実現するためのものであった、と。そしてこの目的の正しさを論証するためのイデオロギーが生まれる。一方では、このようなイデオロギーによって目的の正当化がなされ、他方では、この正しい目的にかなうかかなわないかによって、一切の人間の行為の正しさが判断されることになる。こう言ってよければ、前者の正当化の役割を担うのが「哲学」であり、後者の正当化の役割を担うのが「法」である。そして、この両者の背景にあるのが、現前—堕落—再現前化という存在論的図式である。

このように、まず伝達行為があり、伝達されるべき意図は後から構成されるという言語観をとる場合、法の問題はどのように考え直すべきだろうか。これがまさしくベンヤミンの問題であり、そしてデリダが本書で取り組む問題である。

三　言語問題と法哲学

ベンヤミンの法批判とは、おおむね次のようなものである。法は、現前—堕落—再現前化という図式を再現するためのものである。そのため、人間を、原罪を負い、必然的に堕落する存在とみなす。人間は必然的に罪を負い、その罪を贖うべき存在である。法は、このような罪を作り、かつ贖罪させるという二重の作用を行う。人間を罪に導くのも、人間に罪を贖わせるのも、同じ法なのである。法の定立とは、このような仕方での法の反復作用、つまり維持作用を必然的に含んでいる。けれどもそれは覆い隠され、法の定立作用と維持作用とは厳密に区別される。これをデリダの用語も使いながら言い直すと次のようになるであろう。まず、エクリチュール（異物、悪）の存在は覆い隠され、純粋な法定立の状態、つまり人間がパロールのなかで完全に理解し合う関係があるとされる。ところが、この状態に偶然に悪が発生する。しかし、この悪は偶然のものであるから、それを排除して、原初の純粋な状態を回復しうる。法の機能とは、まさしくこの原初の状態（＝法の目的）を回復するために悪を排除することにある。これがベンヤミン言うところの法維持の作用である。ところが、実は、パロールはそれ自体のなかにそれに反する要素、つまりエクリチュール性をもっている。つまりパロールはすでにそれ自体のなかに自己侵犯の要素と可能性を含んでいるのだ。同様に法は、その定立の段階においてすでに、自己の維持を、つまり悪の発生、法自身の侵犯を予定している。つまり法そのものが悪を生み出しているのだ。これが、ベンヤミンの言う、法における「何か腐ったもの」である。ベンヤミンは、この法定立の暴力、およびそれ自体のなかにすでに含まれている法維持の暴力を「神話的暴力」の名の下に批判し、それに対して「神的な暴力」を対置する。デリダもまた、このベンヤミンの「何か腐ったもの」の考え方に共感し、法の純粋な定立も法の純粋な維持もありえないことを認める。定立はすでに維持を予定しているし、維持とは定立にほかならない。そもそも純粋で正しいものとされている起源そのものにすでにエクリチュールや悪が必然的に含まれているのだとすると、それを認めて言語や法を考え直すべきだということになる。このときベンヤミンの言語哲学が重要な役割を果たす。

すでに述べたように、まず最初にあるのはエクリチュールである。これは、ベンヤミンでいうと、名、または名を呼ぶことに当たると思われる。最初に名を呼ぶのは神である。そしてそれは、神が自分で自分の名を呼ぶことである。神が自分の名を呼ぶときにはじめてわれわれ人間もその名を呼ぶことができる。ここで「神」と呼ばれているものは、デリダのベンヤミン解釈に従って言えば、「まったくの他者」である。そして、「すべての他者」が「まったくの他者」なのである。われわれ人間は、その他者の呼ぶ自分の名を、今度は人間の言葉で呼ぶ。その名（固有名）を呼ぶこと自体が目的であり、それがいわば神と触れ合うことなのである。これは、名を記号・媒介として捉え、名の背後にある実体または本質を認識しようとする伝達的ないし表象的言語観とは正反対の考え方である。ところがわれわれは、伝達的言語観に囚われている。つまり名をすべて認識のための道具として扱っている。これは、固有名詞が普通名詞に変化することである。そこで、このような認識のための言葉を「破壊」し、そのなかに隠され抹消されている名（固有名）を呼び出さねばならない。これはまさしく、形而上学または存在論の論理、つまりパロールのなかでの「自己への現前」（したがってエクリチュールの抹消）を基礎にした論理、に従って語ったり、また読んだり書いたりしているわれわれの構成する言説を「脱構築」しようとするデリダの思想とピタリ合うものである。脱構築の思想とは、「自己への現前」を回復すべく、言語を透明な媒体としてみなそうとするという論理に従ってなされる言語活動やそれの産出する言説に抵抗し、言語の言語性、言語がそれ自体としてもつ要素つまりエクリチュール性を呼び出そうとする運動だということになる。デリダはおそらく、ベンヤミンの言語観を通じて、自己の脱構築の思想を深化させているると思われる。

この伝達的言語観に従って、言語活動における異物・他者（つまり名、エクリチュール）を排除しようとするとき、法（droit, right, Recht）が必要になる。このように言語観と法の問題とは深く結びついている。法とは、起源にあるとされる純粋で理想的な、それ自体において正しい状態を自己の目的として、それを回復すること、つまりその目的を適用し執行することを任務とする。これが、「法を維持する暴力」である。これと、法の目的そのものを定立する「法を基礎づける暴力」とは厳密に区別される。これは、法が暴力的に定立された後で生じる存在論的論理にのっとったまさしく「神話」である。ベンヤミンは、この二つの暴力をセットにして「神話的暴力」と呼ぶ。ベンヤミンは、この「神話的暴力」に「神的な暴力」を対置する。これはデリダ的に言えば、パロールに対して（原）エクリチュールを対置することである。ところがここから、デリダとベンヤミンとの差異が始まる。そしてデリダ自身が本書で語っているように、この差異の意識こそが、デリダに本書での思索を行わせた当のものなのである。

デリダからすれば、人間は今のところ形而上学的な言語を使って考えるしか手がない。しかし、形而上学的言語を使いながら、その形而上学的言語や言説そのもののなかに含まれていながら隠され排除されているもの、異物ないし他者と出会わねばならない。これは、形而上学の言語や言説を絶えず批判（脱構築）せねばならないということである。これはその言説を「解釈する」ということである。こうして、脱構築のためには、形而上学的な言語や言説（つまり脱構築可能なもの）が不可欠であるということになる。本書でデリダが、脱構築可能なものが脱構築を可能にすると述べているのは、このような意味であろう。形而上学的言説は、「解釈」という形でつくり変えられていく。そしてそれは、形而上学的言説の下で排除されていた異物・他者を言説のなかに取り込むことなのであり、それと和解することなのである。

これはつまり、法の定立作用、つまり革命的暴力の自己正当化作用及び目的定立作用はなくてはならないものだということである。そしてその目的を適用する作用、つまり伝達的言語活動もなくてはならないものだということである。重要なのは、この革命的暴力が法や国家の定立に成功した後から構成された定立された目的を、初めからそれ自体として存在した純粋で正しい起源と考えてはならないこと、つまり現前—堕落—再現前化という存在論的論理で考えてはならないことである。定立された目的は脱構築、つまり解釈され続けねばならない。ところで、法の定立作用は、それを正当化しうるものが何もないのであるから、暴力というほかはなく、それに対する反対者にも強制的に押しつけられる。そして暴力的定立に成功した後、それが全員の合意のもとで定立されたとするイデオロギーがつくられる。反対者はいなかったものとされる。反対の声は排除され、抹消されることになる。したがって解釈とは、この定立作用や定立された法の目的やそれによって生じる法体系に対する抹消された反対者、法体系に対する他者を救済し、それと和解することである。法体系の定立において排除が行われていることを認識し、定立された法の言語を、この排除された他者を救済するような形で用いねばならない。これが解釈であり、また脱構築なのである。そしてそれは、他者、つまり存在論的言語を越えたものを存在論的言語で捉えようとすることであり、そこには飛躍がある。したがってそれは自由な行為であり、それには「責任」が伴う。この「責任（レスポンサビリテ）」をデリダは、文字通り「応答可能性」と捉える。それは他者に対する応答の可能性である。自由とは他者に対する応答可能性を意味する。そしてこの応答は、解釈という形をとる。この解釈は、法体系内の形式的な論理では把握しえない具体的ケースが生じる場合に起こる。法体系の論理を発動させるとは、法的目的を適用すること、再現前させることであるから、それはまさしく形而上学的・存在論的な言語活動である。それが、具体的なケースにおいてそれを越えるもの、つまり異物や他者と出会うとき、解釈という行為が始まる。そしてそれは、この異物や他者を理解し受容できるように既存の（あるいは潜在的な）解釈コードを批判し「発明し直す」ことである。既存のあるいは潜在的な解釈コードとは、現在または将来の国家による読み方の規制である。したがって解釈とは国家や国家定立に対する抵抗の意味を含む。

解釈することとは、解釈コード、つまり規則の解体であり、規則なしに個別の事例に判断を下すことである。したがってそれは決断である。けれどもそれは同時に、解釈によって発明し直された新しい規則に従って判断していることでもある。こうして、解釈による決断とは、われわれがそれを論理的に捉えると、何の規則もなしに主体が主体的に決断することであるか、それとも新たに発明された規則に従って決断（むしろ決定）しているかのいずれかであることになる。けれどもデリダからすれば、われわれが論理的に（つまり「現前」の形而上学ないしは存在論の論理では）捉えることができない、規制されていながら規則に従っていないという決断の瞬間こそが、この論理的に規制不可能な瞬間こそが、決断のいわば本質をなす。このパラドクスを引き受けることが、決断を責任あるものたらしめる。この規則を解体し、解釈をなさしめるものこそ、既存のあるいは潜在的な規則では把握することのできない他者である。したがってこの決断の瞬間とは、まさしくこの他者に応答していることであり、この他者に対する応答こそが責任であるということになる。したがって決断を可能にしているのは、決断をする主体ではなく、他者である（ここには、カール・シュミットの「決断主義」に対する批判が含まれている）。また決断とは、規則に機械的に従って下されるものでもない。こうして、決断に関するこれまでの支配的見解の両者が否定されるのである。そしてこの他者こそが、絶えず解釈を促しながら決して規定されることのありえないもの、それ自体として現前することのないもの、未知であり続けるもの、脱構築を促しつづけるものであり、それをデリダは「正義」と呼ぶのである。ベンヤミンはそれを「神」と呼ぶ。そしてそれは、認識作用によって規定することの決してできない「名」である。そしてそれは、神の「署名」である。神が署名するとき、つまり自分の名を呼ぶとき、つまり言説のなかに「名」が現れるとき、われわれもわれわれわれの言語でその名を呼ぶ。そしてわれわれがその名を呼ぶという行為が、解釈するという行為なのである。この「名」が現れるまで、われわれは既存の法の規則を脱構築、つまり批判し解釈し続けねばならない。

ベンヤミンの考える決断もまた、これらの支配的見解のいずれでもない。デリダをベンヤミン読解に向かわせたのは、まさしくこの点である。ベンヤミンの考える決断とは、自分の考える決断と似てはいるけれどもどこか違う。その違いはどこにあるのか。これは、デリダの「脱構築」とベンヤミンの「破壊」との違いにかかわる重要な論点である。ベンヤミンにおいては、決断は、われわれにはいつそれが到来したのか認識できない（これは、われわれの力で決断をつけることのできる認識、という意味である）「神的な暴力」によって下される。これは、われわれにとって「まったくの他者」が下す決断であり、それもまた「暴力」としか言いようのないものだ。この「神的な暴力」が、ギリシア的な「神話的暴力」（法を基礎づける暴力と法を維持する暴力）に対置される。「神話的暴力」とは、われわれの力で決断をもって認識できるけれども、それ自体は決断を下すことができないものである。デリダによれば、ベンヤミン言うところの「歴史の哲学」によって、単に「批判的」という以上の「批判的」な態度が可能になる。この後者の「批判的（クリティック）」とは、デリダによれば、その語源であるギリシア語の「クリネイン」の二つの意味、つまり区別するという意味と決定する、判定を下すという意味とを含んでいる。つまりそれは要するに、「神的な暴力」と「神話的暴力」とを区別し、「神的な暴力」を選び取ることとなのである。この選び取ったことを示すのが、『暴力批判論』の最後につけられたWalterという署名である。それはまた、存在論的論理ではなく、「破壊」のいわば論理、デリダの言い方で言えば「幽霊の擬似＝論理」を選び取ることである。存在論の論理によって構成された言説を「破壊」または「批判」するとき、そこにそれを越える「名」が現れる。それは「廃墟」から現れた「幽霊」ないしは「亡霊」であり、そしてそれは神（による自己命名、署名）なのである。この解体と幽霊の出現という出来事に対してベンヤミンは署名しているのである。逆に言うと、署名するとは、神の署名を呼び出す行為だということになる。

ベンヤミンは、このような「神的な暴力」だけが決断をなしうるのだと言う。けれども、それの到来についてわれわれが認識することは決してできない。われわれとしては、その到来を待ち望み、それが到来して決定的な決着をつけてくれるのを待つしかないことになる。これはまさしくメシアニズムである。これに対して、ベンヤミンが批判する「神話的暴力」は、われわれの力で認識可能である。けれどもそれは決断できない。決断不可能なものに足止めされる。だとすると、このような足止め状態を除去し、決定的に決断をつけることを可能にするためには、決断不可能なもの、つまり「神話的暴力」にとっての他者、ギリシア主義にとってのユダヤ主義を完全に排除することしかない。それが「最終解決」である。このように考えると、ベンヤミンの思想は、「最終解決」の立場とは決定的に相容れないものであることがわかる。しかしデリダに言わせると、ベンヤミンの立場は、彼が批判する当のものにあまりに似すぎている。ベンヤミンによると、「神的な暴力」とは、罪を浄化する暴力である。けれども、「最終解決」において極に達する「神話的暴力」もまた、異質なもの、他者を排除することによって浄化し、原罪を贖わせるものである。なぜベンヤミンの立場が、それが批判する立場と似てくるのか。それは、デリダによると、いずれの立場にも責任／応答可能性、つまり他者への応答可能性の問題が抜け落ちているからである。解釈というかたちで他者に応答すること、つまり責任を引き受けることこそが、ギリシア主義からもユダヤ主義からも帰結する可能性があるいわば浄化の暴力を回避するための唯一の方策であり、この責任を脱構築は引き受けているのである。したがって脱構築とは、ベンヤミンの描くところのギリシア主義ともユダヤ主義ともいずれとも異なり、両者のいずれにも加担してそれらを汚染する「雑種」であるということになる。

四　脱構築の、法哲学へのインパクト

これまで英米や日本のいわば正統派法哲学の源泉となってきたハートの法哲学も、言語の分析に決定的な重点を置く。ハートの法哲学におけるオースチンの影響は、論文「責任と権利の帰属（The Ascription of Responsibility and Rights）」(in *Logic and Language*, First Series, edited with an introduction by Antony Flew, Oxford ; Basil Blackwell, 1951）にはっきりと現れている。法的な言語とは、何らかの事実の記述や報告ではなく、責任や権利を帰属させるという行為遂行的な機能をもつことを論証しようとするこの論文は、発表後に批判を受けて撤回を余儀なくされた。この論文の立場が、ハートのそれ以降の法哲学によって完全に放棄されたのか、それとも何らかの影響を残しているのかは、ハートの法哲学を検討する上で重要な問題となろうが、ここでは取り扱うことができない。この論文の後ハートは、彼の主著である『法の概念（*The Concept of Law*）』において、法的な言語の特色を、意味の確定した「核心部」と、それを取り囲む、意味の不明確な「周縁部」という概念によって定式化する。この「周縁部」の意味は確定しておらず、その意味は、裁判官が立法者に成り代わって立法することによって埋められるほかないとする。これに対して、オックスフォード大学におけるハートの後継者であるアメリカ人ロナルド・ドゥウォーキンは、そのような「周縁部」に限らず、「核心部」も含む法的な規則の全体が意味

の不明確な場合があるとし、それを「難解な事案（ハード・ケース）」と名づける。けれども彼は、このように法の規則が不明確な場合に裁判官が立法作用によってそれを埋めるのではなく、裁判官は法の「原理」によってその意味を確定させるのだとする。デリダが本書で挙げているスタンリー・フィッシュの論文「力」は、ハートのこのような法の概念が、「威嚇を背景にした命令」（例えば拳銃強盗のようなな）という法哲学者J・オースチンの法の概念をハートが批判しつつも法の原型とみていることから由来すると論じる。つまりハートは、法の根底に暴力ないしは力の行使があると考えているのだ。このようなハートの法の概念を、デリダの本書での議論をもとにして整理すると、この「周縁部」こそ、「核心部」あるいは法の規則全体が発明し直される場、つまり規律されながらも規則なしに行われる判断としての解釈がなされる場なのではなかろうか。そして、この「周縁部」に意味を与えるのは、法（ハートの言葉で言えば「核心部」）とは区別された「正義」なのである。この正義は現前しえないものである。だからこそハートは、「正義の原理」なるものを積極的には定式化しないのではなかろうか。これに対してドゥウォーキンは、「周縁部」やさらには法の規則全体を、法の「原理」によって意味を確定させることが可能であるとする。そして彼は、この法の「原理」が最終的には「平等な配慮と尊重を求める権利」といういわば「正義の原理」に由来するという（『権利を真剣にとらえる（*Taking Rights Seriously*）』）。もしドゥウォーキンが、法の規則の意味を、この「正義の原理」から演繹的に導出可能であると考えているとすると、彼は正義を現前するものとして考えていることになる。もしそうだとすると、デリダ的な立場からすると、それは「正義」の性質をとらえ損ねていることになるだろう。それでは、ロールズの言う「正義」はどうなのだろうか。

デリダは、ドロワ、つまり法にして権利（人間の権利、いわゆる「人権」を含む）と正義とを区別し、正義の観点から法／権利を批判しようとする。「正義の観点から」とはいっても、彼は正義を現前するものとして捉えてはいないから、何らかの根本的な正義の原理を立て、それをもとに法／権利を批判するわけではない。彼は法／権利を「脱構築」するのである。デリダは、われわれが法や権利と言うときのその法ないしは権利の主体が、「肉食的供犠の能力のある成人男性の白人ヨーロッパ人」を意味した時代があったし、今もそれは終わっていないとする。こうしてデリダは、普遍的とされる法／権利の概念が何ら普遍的ではないことを暴くのである。法／権利は、普遍性の外観の下で排除を発生させている。これは正義にかなっていない。このような排除されている者たちをどう救済するか。それはやはり法／権利によるしかない。法／権利の普遍性を利用して、それを排除されている者たちにまで広げねばならないのだ。そもそも法／権利が定立されるということは、必然的に排除を発生させる。したがって法／権利は、自己を拡張することによって、排除されている者たちを救済すべき義務を負っているのだ。（デリダが言うには、正義――これは現前しえないものだ――にかなうようにするためには、法／権利が現にあるのでなければならない。またわれわれが正義の観点から批判を加えることができるのも、法／権利のみである。法／権利なしには正義はありえない。のみならず、正義は法／権利のなかに内在しているのである。そしてこの内在する正義によって、それを内在させる法／権利自体が批判されるということになる。この法／権利に内在する正義とは何か。それは法／権利に内在する、それに対する他者である。つまり、法の暴力的定立において排除された者である。）デリダの考え方をこのようなものだと捉えると、それは、「平等な配慮と尊重を求める権利」を基軸に考えるドゥウォーキンの考え方とよく似ているということになる。このようにデリダが本書で展開する「法哲学」は、現代の英米の主流派法哲学や、その再検討にとっても有効な観点を提供しうるものと考える。

以上、本書で展開されたデリダの思想やその射程を私なりに概説してみた。デリダやベンヤミンの思想や彼らの取り組んでいる問題の重さを無視したきわめて図式的なまとめ方になってしまった。彼らの思想や問題の重要性は、現代社会でもますます強くなっており、今後地道に研究を進め、一つ一つ成果を積み重ねていくことが大切である。読者の参考になれば幸いである。

訳者あとがき

本書は、Jacques Derrida, *Force de loi*――*Le《Fondement mystique de l'autorité》*, Éditions Galilée, 1994の全訳である。

はしがきや原注にも述べられているように、本書は、デリダが一九八九年と一九九〇年にアメリカ合衆国で行った二つの講演をもとにしている。二つのコロークの冒頭に行われたこの二つの講演は、まず『カードーゾ・ロー・レヴュー』一九九〇年七月八月号に仏英対訳の形で掲載された。デリダが正義や法という政治的、倫理的、法的な問題を初めて正面から扱った論文ということで、発表当初から大いに話題を集めた。（なお一九八九年のコロークの記録は、『カードーゾ・ロー・レヴュー』第十一巻九一九―一七二六ページに収録されている。）またデリダの本論文を巻頭論文として、同コロークで報告された論文を中心にして編集されたのが、原注のはしがき(1)に挙げられているD・コーネルらの論文集である。一九九〇年のコロークの記録は、一九九二年にソール・フリードランダーの編集により出版された（Probing the Limits of Representation. Nazism and the "Final Solution". Edited by Saul Friedlander, Harvard University Press, 1992. 抄訳として、上村忠男、他訳『アウシュヴィッツと表象の限界』（未来社）、一九九四年）。）このカードーゾ・ロー・レヴュー版に若干の加筆修正を施してフランス語で出版されたのが本書である。

デリダは本書以前にも、とりわけ一九八〇年代に入って、「脱構築」と称される自分の哲学の政治的な、さらには政治哲学的な意味について数々の論文を書いていたが、彼の政治的立場や発言は別として、どういうわけか彼の脱構築と政治哲学とは、とりわけ正義や倫理や法の問題とは無縁であるかのように考えられてきた。本書は、『法の力』というタイトルを掲げ、自分の脱構築に対するこのような理解は誤解だとはっきりと宣言し（「脱構築は正義である」とまで言い切る）、正義や法の問題を正面から論じたという点で画期的である。そして、脱構築は政治や倫理や法の問題とは無縁だとする風潮に終止符を打ち、またデリダ自身のその後の思索の展開をはっきりと方向づけたという点で、本書はまさしく彼の主著の一つに数えられるべきものと考える。

本書は、法、権利、正義、掟（法律）をテーマにしている点でまさしく「法哲学」の書であるということで、法哲学を専攻する私に翻訳の大役が回ってきた。日本の法哲学界では、アメリカ、イギリス、ドイツにおける法哲学や政治哲学に関する研究が盛んであり、主流を占めていると言ってよい。またその一方で、法「哲学」であることから、法哲学プロパーではなくむしろ哲学そのものを研究の中心に据え、そこから法の問題について何か示唆を汲み取ろうとする研究も数多い（とりわけ最近では、ハーバーマスやルーマンの哲学そのものの研究も盛んである）。ところが、ジャック・デリダの哲学に関しては、ほとんど研究が皆無であった。また、アメリカでは、デリダをその理論的支柱の一人とするＣＬＳの一派が一大勢力をなし、活発な活動をなしているにもかかわらず、ＣＬＳに関する研究さえごくわずかしかなかった。それどころか、デリダを読みもしないのに、主体性や責任といった近代のさまざまな主要価値を破壊し、その対案を示すことのない無責任でニヒリスティックな思想家だとする理解が流布しており、今でもそう考える人は多い。もっとも、このような誤解をデリダは本書で、自分の脱構築に対する典型的な誤解の一つとして挙げ、批判しているところをみると、日本の法哲学界が特にデリダについて理解不足であったというわけでもなさそうである。

確かに、このように誤解する人の多くは、おそらくまともにデリダの書物に取り組んだことがないと思われるが、しかしまともに取り組んでもやはりデリダの思想は難しい。それは、西欧形而上学という、学問を行う者にとっては自明となっている思想体系に挑戦状をつきつけ、そこからなんとか抜け出そうと格闘している人の思想として、当然の難しさであり、彼の思想に共感する限り、その難しさにひるんではならないであろう。

しかし、まともに取り組んでもよくわからない、それどころか常識はずれに思えるものを、まともに取り組んだこともなければ先入観で一杯になってもいる人に説明するのであるから、そこに誤解が生じるのは当然である（この意味で、高橋哲哉氏の『デリダ——脱構築』（講談社）をはじめ、優れたデリダに関する著作が出版され始めているのは喜ばしい限りである）。それに加えて日本では、デリダの主著と目されるものがほとんど未訳であるという条件が重なっている。翻訳を担当されている方々はおそらく大変な苦労をなさっていることであろう。本書の訳業を終えてみて、私もデリダを翻訳することがいかに大変な作業であるかが実感できた。

私は、日本の法哲学界でまともにデリダに取り組んできた一人であり、デリダに関する数本の論文を書いており、また学会報告もさせていただいた。それもあって本書の訳業を、コジェーヴ『法の現象学』（法政大学出版局）で共訳させていただいた今村仁司先生から薦められ、始めてはみたものの、作業は難航を極めた。そのまま日本語にしても意味のわからないところも多く、そのような場合には言葉を補って、日本語として意味の通る文章になるよう心掛けた。それでもなお至らぬ点など御指摘いただければ幸いである。

本書には、ベンヤミンをはじめさまざまな思想家の引用がでてくるが、その訳出にあたっては次の邦訳を参考にさせていただいた。ここに記して感謝の意を表したい。ただし、訳文を使用させていただくにあたって、訳出の都合上、訳語や表現を若干変更せざるをえない箇所があったことをお断りしておきたい。また訳出にあたっては、カードーゾ・ロー・レヴュー版の英訳をも参考にした。

野村修編訳『暴力批判論』（岩波書店）、一九九四年
浅井健二郎訳『ドイツ悲劇の根源（上・下）』（筑摩書房）、一九九九年
川村二郎・三城満禧訳『ドイツ悲劇の根源』（法政大学出版局）、一九七五年
浅井健二郎編訳・久保哲司訳『ベンヤミン・コレクションⅠ――近代の意味』（筑摩書房）、一九九五年
前田陽一・由木康訳『パンセ』（中央公論社）、一九七三年
関根秀雄訳『モンテーニュ随想録』（白水社）、一九八五年

木下半治訳『暴力論（上・下）』（岩波書店）、一九六五年、一九六六年
吉澤傳三郎・尾田幸雄訳『カント全集・第11巻』（理想社）、一九六九年

デリダが本書のなかで数多く引用しているベンヤミン『暴力批判論』その他の文章の訳出にあたっては、デリダが原則としてフランス語訳をもとにして議論を進めているので、デリダが原書で引用するフランス語訳に従って訳出した。なお、デリダがとくに引用しているドイツ語等で誤りと思われる箇所は訳者の判断で適宜訂正した。

また本書のタイトルについてひとこと触れておきたい。原書中の loi の語については、訳文では原則として「掟」の語を当て、場合に応じて「法律」、「掟（法律）」という訳語を当てた。しかしタイトルである *Force de loi* については、『法の力』という言い方が定着しているようなので、それに従った。

本訳書の完成にあたっては、数多くの方々にお世話になった。とりわけ、いやな顔ひとつせず相談にのってくださり、数々の貴重なアドバイスをいただいた今村仁司先生と高橋順一先生には感謝の気持で一杯である。もし本訳書が少しでもよいものになっているとすると、それは両先生のおかげである。

最後に、なかなか進まない私の訳業をあたたかく見守り、励ましてくださった法政大学出版局の藤田信行氏に対して心からお礼を申し上げたい。

一九九九年一〇月　　　　堅田研一

原　注

はしがき

（1）　In *Deconstruction and the Possibility of Justice,* tr. Mary Quaintance, *Cardozo Law Review,* New York, vol II, n°s 5-6 juillet-août 1990, 次に，in *Deconstruction and the Possibility of Justice,* D. Cornell, M. Rosenfeld, D. G. Carlson éd., Routledge, New York, London, 1992. 最後に，単行本として，*Gesetzeskraft. Der《mystische Grund der Autorität》*, tr. Alexander Garciá Düttmann, Suhrkamp, 1991.

第一部

（1）　この講演はもともとは英語で行われた．この冒頭の文は，はじめにフランス語で，次に英語で発音された．

（2）　この外面性によって法／権利は道徳から区別されるけれども，この外面性だけでは，法／権利を基礎づけるにも，正義にかなうようにするにも不十分である．「なるほどこの法／権利が基礎にするのは，掟にもとづく各人の責務の意識である．しかし責務の履行へと意志を規定するためには，法／権利は，もしそれが純粋なものでなければならないとすると，動機としてこの意識を拠り所にすることはできないし，またそうすべきでもない．このとき法／権利が拠って立つべきなのは，これとは逆に，外的強制の可能性という原理である．つまりこの外的強制は，普遍的諸法則に従うことによって，自らを各人の自由と調和させうるようなものなのである」．この点については，次のものを参照していただきたい．*Du droit à la philosophie,* Galilée, 1990, p. 77 sq.

（3）　Cf.《L'oreille de Heidegger》, in *Politiques de l'amitié,* Galilée, 1994.

（4）　斜めからの（l'oblique）というモチーフについては，以下のものを参照していただきたい．*Du droit à la philosophie,* Galilée, 1990, 特に p. 71 sq, また *Passions,《L'offrande oblique》,* Galilée, 1993.

（5）　*Pensées,* éd. Brunschvicg, §298, p. 470.

（6）　*Op. cit.* 294, p. 467. 強調は引用者.

（7）　Montaigne, *Essais,* III, ch. XIII,《De l'expérience》, Bibliothèque de la Pléiade, p. 1203.

（8）　*Op. cit.* II, ch. XII, p. 601.

（9）　*Ibid.*

(10) *Pensées,* Ⅳ, 294, p. 466.
(11) *Op. cit.* 233, p. 435.
(12) Stanley Fish, *Doing What Comes Naturally, Change, Rhetoric, and the Practice of Theory in Literary and Legal Studies,* Duke University Press, Durham and London, 1989.
(13) University of Minnesota Press, Minneapolis, 1987.
(14) 動物性については，cf. *De l'esprit, Heidegger et la question,* Galilée, 1987. 供犠と肉食文化については，《Il faut bien manger—ou le calcul du sujet》, in *Points de suspension,* Galilée, 1992.
(15) Emmanuel Lévinas, *Totalité et Infini,* 《Vérité et justice》, Nijhof, 1962, p. 62.
(16) *Ibid.* p. 54.
(17) Emmanuel Lévinas, 《Un droit infini》, in *Du Sacré au Saint. Cinq nouvelles lectures talmudiques,* Minuit, 1977, p. 17-18.
(18) Emmanuel Lévinas, 《Vérité et justice》, in *Totalité et Infini, op. cit.* p. 62.

第二部

(1) この序論は，このテクスト第二部へのイントロダクションとして用意されたものである．なおこの第二部は，1990年4月26日，カリフォルニア大学ロサンゼルス校で当時開催された討論会「ナチズムと〈最終解決〉——表象の限界（Le nazisme et la《solution finale》. Les limites de la représentation)」のオープニングに読み上げられた．
(2) 最初に発表されたのは，『社会科学・社会政策論集（Archiv für Sozialwissenschaft und Sozialpolitik)』(1921) 誌上である．そして，*Gesammelte Schriften* Bd II, 1, Suhrkamp, 1977に再収録された．M. de Gandillac によるフランス語訳《Pour une critique de la violence》は，Walter Benjamin, *Mythe et Violence,* Denoël, 1971に収められた．そして，*L'Homme, le langage et la culture,* Bibliothèque Médiations, Denoël Gonthier, 1974に再収録された．われわれはこの後者の版に拠りながら訳出を行う（ときにはごくわずかな修正を行ったが，その理由はもっぱら，われわれが話を進める都合上のものである)．
(3) 私がここで図式的に述べているテーマは，別のところで詳しく展開されている．Cf. 例えば，*Psyché, Inventions de l'autre,* Galilée, 1987, p. 26-27.（「脱構築が，可能なものとして自分を現前させたことは一度もない．[……] 脱構築は，自分が不可能であることを認めたところで，何一つ失わない [……]．ある種の脱構築的使命にとって危険があると

すると，それはむしろ可能性の方であろう．そして，規制されたさまざまな手続，方法に則ったさまざまな実践，そして接近可能ないくつもの道程からなる，思いのままに操作可能な一つの総体になることの方であろう．脱構築を駆り立てる関心，脱構築の力や欲望を駆り立てる関心，もしそのようなものが脱構築にあるとすると，それは不可能なもののとある経験である．不可能なものの，とはつまり［……］他者の，ということである．すなわちそれは，不可能なものの発明としての，他者の経験である．不可能なものの発明とは，別の言葉で言えば，可能性のある唯一の発明ということである」）．

（4） *Op. cit.* p. 180; tr. p. 24.

（5） *Op. cit.* p. 180; tr. p. 25.

（6） *Op. cit.* p. 183; tr. p. 28.

（7） *Ibid.*

（8） *Op. cit.* p. 184; tr. p. 29.

（9） *Op. cit.* p. 184; tr. p. 30.

(10) *Op. cit.* p. 185; tr. p. 31.

(11) カール・シュミットのなかに，これと似たような論法の原則が見出される．Cf. *Politiques de l'amitié,* Galilée, 1994, p. 140 et suiv.

(12) この論理と「時間＝論理（chrono-logique）」については，《Déclaration d'indépendance》, in *Otobiographie, L'enseignement de Nietzsche et la politique du nom propre,* Galilée, 1984，を参照していただきたい．ハイデガーは次のことを何度となく想起させる．すなわち，「われわれの固有の歴史的時間」が自己規定をなすのは，前未来からのみである，と．われわれの固有の歴史的時間とはいかなるものであるのかを，現在この瞬間にわれわれが知ることは決してない．

(13) Cf.《Devant la loi. Préjugés》, in *La faculté de juger,* Minuit, 1985.

(14) Cf. Rhétorique de la drogue, in *Points de suspension,* Galilée, 1992, p. 265 sq.

(15) *Op. cit.* p. 188; tr. p. 35.

(16) *Op. cit.* p. 185; tr. p. 31.

(17) *Op. cit.* p. 185; tr. p. 31.

(18) *Op. cit.* p. 186; tr. p. 32.

(19) *Op. cit.* p. 186-187; tr. p. 32-33.

(20) *Op. cit.* p. 187; tr. p. 34.

(21) *Op. cit.* p. 187; tr. p. 34.

(22) *Op. cit.* p. 189; tr. p. 35.

(23) 《*in ihr die Trennung von rechtsetzender und rechtserhaltender*

Gewalt aufgehoben ist》. *Op. cit.* p. 189; tr. p. 36.
(24) 《*Allverbreitete gespenstische Erscheinung im Leben der zivilisierten Staaten*》. *Op. cit.* p. 189; tr. p. 37.
(25) *Origine du drame baroque allemand,* tr. fr. S. Muller et A. Hirt, Flammarion, 1985, p. 100-101. ティム・バーティ（Tim Bahti）は，私の注意をこの一節に向けてくれたので，ここで彼に感謝したい．この一節の入っている章は，この一節の前で，亡霊の出現（Geisterscheinungen; p. 273）に言及する．そしてその一節の後でさらに，専制君主たちの悪しき霊（böse Geist）を問題にする．哀悼劇（Trauerspiel）のなかで，死者がこの世に回帰するようになること／亡霊になること（le devenir-revenant）については，cf. aussi. tr. fr. p. 258.
(26) *Op. cit.* p. 190; tr. p. 37.
(27) 《*Nicht unmittelbar in ihm gegenwärtig zu sein*》. *Op. cit.* p. 190; tr. p. 38.
(28) 《*Schwindet das Bewusstsein von der latenten Anwesenheit der Gewalt in einem Rechtsinstitut, so verfällt es*》. *Ibid.*
(29) *Ibid.*
(30) *Op. cit.* p. 191; tr. p. 39.
(31) *Op. cit.* p. 192; tr. p. 39.
(32) *Op. cit.* p. 195; tr. p. 44-45.
(33) *Op. cit.* p. 196; tr. p. 45.
(34) 《*das Kennzeichen des mythischen Ursprungs des Rechts*》. Bd II, 1, p. 154.
(35) 《*Eine nicht mittelbare Funktion der Gewalt*》. *Op. cit.* p. 196; tr. p. 46.
(36) *Op. cit.* p. 197; tr. p. 46-47.
(37) 《*dass in den Anfängen alles Recht "Vor" recht der Könige oder der Grossen, kurz der Mächtigten gewesen sei*》. *Op. cit.* p. 198; tr. p. 48-49.
(38) *Op. cit.* p. 199; tr. p. 50.
(39) この論理が，それ自体ではどれほど逆説的なものであろうとも，またどんなにたやすくそれとは反対のものへと移行してしまうはずのものだとしても，やはりこの論理は典型的なものであり，そして繰り返しよみがえるものだ．この論理と調和する可能性のある，それと親近性をもつすべてのもの（驚くようなものもあれば，そうでないものもある）のなかの一つとして，シュミットにおける似たようなある身ぶりにもう一度言及するとしよう．それは，それ自体では逆説的であり，かつ戦争とし

ての政治の思想家にとっては必然的である身ぶりである．すなわちその身ぶりのもとでは，物理的な殺害は，シュミットによって明白かつ厳密な考察の加えられている一つの指令である．けれどもこの殺害は，生命に対して生命をもって対抗することにほかならないであろう．死があるのではない．あるのはただ，生命とその定立作用——そして生命が自分自身と対立するという，自己定立の一様態にすぎない作用——のみである．Cf. *Politiques de l'amitié, op. cit.* p. 145 n. 1.

(40)《*Ein neues geschichtliches Zeitalter*》. *Op. cit.* p. 202; tr. p. 54.

(41)《*Ein dialectisches Auf und Ab*》. *Op. cit.* p. 202; tr. p. 53.

(42) *Op. cit.* p. 202; tr. p. 54.

(43)《*Nicht gleich möglich, noch auch gleich dringend ist aber für Menschen die Entscheidung, wann reine Gewalt in einem bestimmten Falle wirklich war*》. *Op. cit.* p. 202-203; tr. p. 54.

(44) このようにベンヤミンのこの特異なテクストを，脱構築する一定の必然的作用——少なくとも，私がここで規定しうると考えるところの一定の必然的作用——の試練にさらすことによって，あなたがたも本書以上に豊かで一貫性のある仕事のプランを立てたり，その仕事を押し進めることができるであろう．仕事つまり，このここにある脱構築と，ベンヤミンが「破壊」(Zerstörung) と呼ぶものと，ハイデガー的な破壊 (Destruktion) との間のさまざまな関係に関する仕事である．

(45) 言語と固有名詞に与えられたチャンス，最も共有されたものと最も特異なものとが交差することの不確実性，唯一無比の運命の掟，このようなものとしての walten と Walter との間の「ゲーム」，すなわちこのここにある Walter と，それが Walten について述べるものとの間の，まさしくここで行われているこのここにあるゲームは，どんな知識も，どんな論証も，どんな確信も引き起こすことのありえないものだということを心得ていなければならない．

これこそが，このゲームのもつ「論証」力のパラドクスである．この力がでてくる原因は，認識性と行為遂行性との分離という，われわれが今しがた述べたばかりの事態にある（なおこれについては別のところでも述べたが，そこで論じられているのはまさしく署名問題である)．けれどもこの「ゲーム」は，絶対的な秘密に触れるがゆえに，どう見ても無償の行為とは言えない．われわれがすでに指摘したように，ベンヤミンは次のものに大きな関心をもっていた．とりわけ「ゲーテの『親和力』」という作品にそれが見て取れる．すなわちそれは，もろもろの固有名詞を特権的な審級として起こる，偶然によるものであるけれども同時に意味のあるさまざまな符合である（この仮説の新たな発展の可能性

を見出したいという気持で私が最近行ったのが，次に挙げるヨッヘン・ヘーリッシュの見事なエッセーに関する読解である（1991年 8 月）．Jochen Hörisch, 《L'ange satanique et le bonheur. Les noms de Walter Benjamin》, in *Weimar. Le tournant critique,* édité par G. Raulet, Paris 1988).

《叢書・ウニベルシタス 651》
法の力

1999年12月20日　　初版第 1 刷発行
2011年 5 月10日　新装版第 1 刷発行
2024年 5 月16日　　　　第 3 刷発行

ジャック・デリダ
堅田研一 訳
発行所　一般財団法人　法政大学出版局
〒102-0071 東京都千代田区富士見 2-17-1
電話03(5214)5540　振替00160-6-95814
製版，印刷：三和印刷／製本：積信堂

Printed in Japan

ISBN978-4-588-09939-7

著　者

ジャック・デリダ（Jacques Derrida）

1930 - 2004年．アルジェリア生まれのユダヤ系哲学者．パリのエコール・ノルマル・シュペリウールで哲学を専攻．同校の哲学教授を経て，社会科学高等研究院教授をつとめる．ロゴス中心主義の脱構築を提唱し，構造主義以降の人文社会科学の広範な領域——文学・芸術理論，言語論，政治・法哲学，歴史学，建築論ほか——に多大な影響をもたらした．1983年にフランス政府派遣の文化使節として来日，その時の記録が『他者の言語——デリダの日本講演』（法政大学出版局）として刊行されている．本書のほかに，『エクリチュールと差異・上下』，『絵画における真理・上下』，『ユリシーズ　グラモフォン』，『有限責任会社』，『哲学の余白・上下』，『シニェポンジュ』，『アーカイヴの病』，『散種』（以上，法政大学出版局），『声と現象』（理想社），『グラマトロジーについて・上下』（現代思潮新社），『ポジシオン』（青土社），『他の岬』（みすず書房），『アポリア』（人文書院）など多くが邦訳されている．

訳　者

堅田研一（かただ　けんいち）

1962年生まれ．早稲田大学大学院法学研究科博士課程（法哲学）満期退学．現在，愛知学院大学法学部教授．著書：『法・政治・倫理』（成文堂），『法の脱構築と人間の社会性』（御茶の水書房）．訳書：コジェーヴ『法の現象学』，バリバール『真理の場所 / 真理の名前』（ともに共訳），ビバール『知恵と女性性』（以上，法政大学出版局），ドゥブー『フーリエのユートピア』（共訳，平凡社）．